문맵
국어용어
200

1권

시작하며

전국의 중학생, 예비 중학생 여러분
'국어' 하면 어떤 생각이 드나요?
분명 우리말인데 외국어처럼 어렵게 느껴진다고요?
아무리 공부해도 성적이 잘 오르지 않는다고요?

수업을 듣거나 시험 문제를 풀 때
어디선가 본 듯한데 무슨 말인지 알쏭달쏭했던 경험이 있을 거예요.
국어가 어려운 이유는 대부분 용어 뜻을 몰라서예요.

그래서 헷갈리는 국어 용어를 모아 명쾌하게! 유쾌하게!
정리한 책이 바로 '윈말 국어 용어 200'이에요.
교과서 곳곳에 흩어져 있는 개념을 이야기책처럼 재미있게!
핵심만 쏙쏙 이해될 수 있도록 비교해서 풀어 주니까
국어 실력이 늘어나는 건 당연하겠죠?

수능 국어의 기초를 지금부터 탄탄히 다져 둔다면
앞으로 만나게 될 낯설고 어려운 문제도
당황하지 않고 쉽게 해결할 수 있어요.

알면 알수록 흥미진진한 국어의 매력 속으로
흠뻑 빠질 준비됐나요?

모두가 국어와 친해지는 그날까지
유현진(Y♥U쌤)

어렵게만 느껴지던 국어가

어느새

자연스럽게 스며들다

그래서

뭔말 국어 용어 200

Step 1 퀴즈 풀며 흥미 유발 ▶ **Step 2** 비교하며 본격 학습

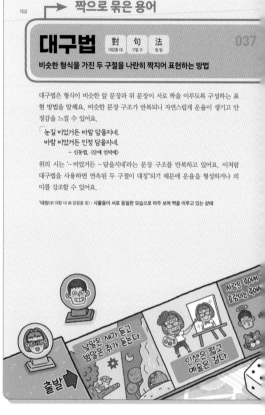

퀴즈 ▶ 일상 속 사례를 재미있는 퀴즈로 구성했어요. 호기심을 갖고 답을 추리하다 보면 용어에 대한 감이 저절로 생겨요.

단서 ▶ 퀴즈의 정답을 알아맞힐 수 있도록 2~3개의 단서를 제공했어요. 어렵다고 지레 겁먹지 말고 퀴즈 속 그림과 단서를 통해 차근차근 풀어 보세요.

필수용어 ▶ 교과서 속 중학생이 꼭 알아야 할 100개의 용어를 뽑았어요. 헷갈리는 용어를 짝으로 묶어 비교하며 확실하게 개념을 익혀요.

한 줄 요약 ▶ 한자어 뜻풀이와 한 줄 요약으로 용어를 가장 쉽게 정리해요.

교과 연계 표시 ◀

중2 문학과 표현

대조법

對 照 法
대할 대 비출 조 법 법

038

반대되는 두 대상이나 내용을 맞대어 표현하는 방법

대조법은 긴 것과 짧은 것, 넓은 것과 좁은 것, 강한 것과 약한 것 등 서로 차이가 있는 두 대상이나 내용을 제시하는 표현 방법을 말해요. 대구법이 의미와 상관없이 문장의 짜임이 비슷하다면 대조법은 의미가 서로 반대되어야 해요.

까마귀 검다 하고 백로야 웃지 마라.
겉이 검은들 속조차 검겠느냐?
겉 희고 속 검은 이는 너뿐인가 하노라.
— 이직, 〈까마귀 검다 하고〉

위의 시는 겉은 까맣지만 속은 그렇지 않은 '까마귀'와 겉은 하얗지만 속은 검은 '백로'를 대조하여 겉과 속이 다른 사람을 비판하고 있어요. 이처럼 대조법을 사용하면 두 대상의 차이를 확실하게 드러내거나 어느 한쪽을 더 강조할 수 있어요.

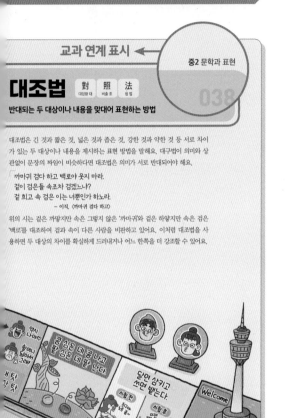

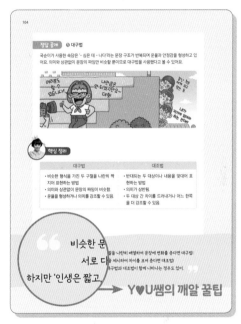

핵심 ▶ 그림을 곁들인 야무진 해설과 깔끔한 표 정리로 용어 학습을 완벽하게 마무리해요.

스토리텔링 ▶ 이야기처럼 술술 읽히도록 최대한 쉬운 말로 용어의 뜻을 풀었어요. 핵심을 콕 집어낸 설명과 다양한 예시로 즐겁게 학습해요.

한 판 그림 ▶ 한 장 가득 펼쳐지는 그림을 통해 용어의 의미를 직관적으로 이해해요.

뭔 뜻인지도 모르겠고 말로 설명하기도 어렵다면 이 책을 추천해요!

이런 국어 용어를 배워요

1권에서 만날
국어 용어
100

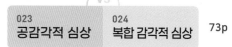

개봉박두

2권에서 100개의 또 다른 국어 용어가 여러분을 기다리고 있어요.

교과 연계 단원

초등 필수 용어부터 중등 핵심 용어까지 한 번에 해결해요!

뭔말 국어 용어 200 1권		초등 국어	중등 국어
001	시어	3-2 감동을 나타내요	중1 문학과 표현
002	시구		
003	시인	3-2 감동을 나타내요	중2 문학 작품의 관점
004	시적 화자		
005	자유시	3-2 감동을 나타내요	중1 문학과 표현
006	정형시		
007	서정시	3-2 감동을 나타내요	중1 문학과 표현
008	서사시		
009	시적 대상	3-2 감동을 나타내요	중1 문학과 표현
010	시적 상황		
011	태도	3-2 감동을 나타내요	중1 문학과 표현
012	어조		
013	운율	3-2 감동을 나타내요	중2 개성적인 발상과 표현
014	심상		
015	내재율	3-2 감동을 나타내요	중2 개성적인 발상과 표현
016	외형률		
017	음보율	3-2 감동을 나타내요	중2 개성적인 발상과 표현
018	음수율		
019	정적 이미지	3-2 감동을 나타내요	중2 개성적인 발상과 표현
020	동적 이미지		
021	상승 이미지	3-2 감동을 나타내요	중2 개성적인 발상과 표현
022	하강 이미지		
023	공감각적 심상	3-2 감동을 나타내요	중2 개성적인 발상과 표현
024	복합 감각적 심상		

교과 연계 단원

뭔말 국어 용어 200 1권		초등 국어	중등 국어
049	평시조	6-1 인물의 삶을 찾아서	중3 문학과 삶
050	사설시조		
051	소설의 3요소	5-1 작품을 감상해요	중1 문학과 표현
052	소설 구성의 3요소		
053	소설의 허구성	5-1 작품을 감상해요	중1 문학과 성찰
054	소설의 진실성		
055	소설의 개연성	5-1 작품을 감상해요	중1 문학과 성찰
056	소설의 우연성		
057	시간적 배경	5-1 작품을 감상해요	중1 문학과 표현
058	공간적 배경		
059	순행적 구성	5-1 작품을 감상해요	중1 문학과 성찰
060	역순행적 구성		
061	일대기적 구성	5-1 작품을 감상해요	중1 문학과 성찰
062	액자식 구성		
063	내적 갈등	5-1 작품을 감상해요	중1 문학과 성찰
064	외적 갈등		
065	중심 인물	5-1 작품을 감상해요	중1 문학과 소통
066	주변 인물		
067	주동 인물	5-1 작품을 감상해요	중2 문학과 소통
068	반동 인물		
069	평면적 인물	5-1 작품을 감상해요	중2 문학과 소통
070	입체적 인물		
071	전형적 인물	5-1 작품을 감상해요	중2 문학과 소통
072	개성적 인물		
073	1인칭 주인공 시점	5-1 작품을 감상해요	중2 문학 작품의 관점
074	1인칭 관찰자 시점		

인물 관계도

Y♥U쌤

핵심을 꿰뚫는 수업으로
감동 국어의 진수를 보여 주는
인강계의 살아 있는 전설.

국어 사랑 ≥ 제자 사랑
국어 사랑 ≤ 제자 사랑
국어 사랑 = 제자 사랑

그녀를 웃게 하는 에너지원은
제자들과 **지니어스♥**

지니어스(GENIUS)

일정한 자격을 갖춰 선발된
Y♥U쌤의 국어팸으로
유현진의 'JINI'와 우리의 'US'를
합쳐 만든 애칭.

자격

❶ 지니어스 선발전 우승자
❷ 돌발 미션 성공자

열혈 팬♥

선행 학습하는
랜선 제자♥

반려묘♥

공부 라이벌

국순

3개월 만에 국포자에서 탈출해
마침내 지니어스 선발전에 도전
장을 내민다. 친구들을 지니어스
세계로 끌어들이는 장본인.

어흥

강의 듣는 개냥이.

국서

초등 5학년 독서광. 맞벌이 가정
에서 자란 터라 혼자 있는 시간
이 많아 책을 벗으로 삼아 왔다.

절친♥   그냥 남사친

옆집 형아

비밀을 터놓는
친한 동생

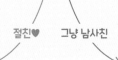

짝사랑♥

남사친

국주

100만 구독자를 꿈꾸는
새내기 유튜버. 블링블링
하게 꾸미는 걸 좋아한다.

국준

국주를 짝사랑하는 옆 반 반장.
유일한 흑역사는 지난 국어 시험
에서 40점을 받았다는 사실이다.

지니어스 탄생기
~ 최후의 1인이 왕좌를 차지하리 ~

오늘은 왕ㅌ 중의 **왕**을 겨루는
'지니어스 선발전'이 열리는 날이다.

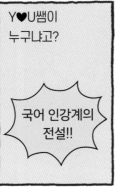

Y❤U쌤을 알게 된 건 지난 겨울, 첫눈 내리는 12월의 어느 날이었다.

중학교 입학을 앞두고 왠지 모를 불안감으로 이상하게 가슴이 쿵쾅거렸다.

놀아도 노는 것 같지가 않아!

쿵 쾅 쿵 쾅

중학교 가면 시험도 본다던데⋯ 시험에 폭망할 것 같은 불길한 생각이 자꾸만 맴돌았다!

그래서 미리 예습을 하기로 마음먹었다!!

척!

쇠뿔도 단김에 빼라고 하지 않았던가! 인강의 도움을 받기로 결정하고 국어 1위 강좌를 신청했다.

국어 Y❤U쌤

딸깍

그렇게 나의 첫 중학교 공부는 국어 인강으로 시작되었다.

아자! 아자!

중학교 국어는 쉬우면서도 어려웠다!

이게 뭔 말이래?!

친구들, 진정~ 진정~

3일 후

3주 후

졸지 마!!

두달 후

까톡

2:15

국주
뭐 해? 떡볶이 먹으러 가자! 2:16

2:16 놉, 인강 들어.

국주
풉! 네가 인강을?? 2:17

2:18

2:18 웃지 마라! 나 진지하다.

첫 번째 문제입니다!

시, 소설, 희곡, 수필처럼 자신의 감정이나 생각을 글로 표현한 예술 작품을 '비문학'이라고 한다. 맞으면 O 틀리면 X.

당연히 X지!

나도 X.

쟤, 국서 아냐?

네가 여긴 어쩐 일로?

흿!

최후의 지니어스는 내가 될 거야.

누구 맘대로

신문 기사나 논문 등 객관적 사실에 근거하여 쓴 글을 '비문학'이라고 합니다.

따라서 정답은 X.

덜컹!

탁

첫 번째 문제부터 너무 어려운 거 아닌가요?!

"정답은 O입니다!
지니어스 선발전 최종 우승자는
바로 국순 양입니다.
축하합니다. 국순 양!"

사회자의 호명에 수많은 사람들의
시선이 일제히 한곳으로 향했다.
바로 그때 기쁨을 주체 못한 국순이가
단상 위로 폴짝 뛰어올랐다.

Y♥U쌤이 국순이의 목에 1등 메달을 걸어 주며 말했다.
"지니어스가 된 걸 축하해요.
 이제부터 국순 양은 저와 함께 국어 용어를 어려워하는
 친구들을 위해 활동해 주세요."

Y♥U쌤의 실물을 가까이서 영접한 국순이가 흥분하여 외쳤다.
"Y♥U쌤을 뵙다니 꿈만 같아요.
 제 볼 좀 꼬집어 봐 주실래요?"

수많은 기자들이 국순이를 인터뷰하기 위해 몰려들었다.
"1등을 한 비결이 뭔가요?"

기자의 질문에 국순이가 미소를 지으며 답했다.
"뭔지 알겠는데 말로 설명 못 한다면 진짜 아는 게 아니에요.
 용어만 알아도 국어 실력을 키울 수 있거든요~"

한편 그 시각,

메가 체육관 지하 공간에서는
·
·
·
·
·
·

왜? 뭔말 국어 용어냐고?

내재율? 외형률? 풍자? 해학?

닮은꼴 대잔치 아냐?

뭔지 알겠는데, 말로는 설명 못하겠어.

대체 뭔 말이래?

이 책을 펼친 여러분은
지금부터 저와 함께 100개의 헷갈리는
국어 용어를 만나게 될 것입니다.
초등 - 중등 교과서의 필수 개념 중 여러분을 괴롭히는
바로 그 애매한 용어들만 뽑아 쉽게 알려 드립니다.

이 한 권의 책을 통해
쉽고 재미있게, 그리고 아주 깔끔하게
모든 용어를 정리해 드리겠습니다.

이제 수능 국어를 중학교부터 준비해야 할 때!
용어부터 잡아야 중학 국어를 정복할 수 있다!

Y♥U쌤의 질문에 바르게 답한 사람은 누구일까요?

Q

난이도 ★☆☆

지니어스 선발전에서 탈락하고 듣는 첫 보충 수업 시간의 주제는 '시'예요. Y♥U쌤의
질문에 바르게 답한 사람은 누구일까요?

단서
- 시어는 시에 쓰인 단어 하나하나이다.
- 시인은 시어를 통해 생각이나 감정을 나타낸다.

❶ 국서   ❷ 국주   ❸ 국준

시어 詩 語
시 시   말씀 어

001

시에 쓰인 단어 하나하나

시어는 시인이 생각이나 감정 등의 정서를 표현하기 위해 사용하는 말이에요. 반대로 일상생활에서 정보나 사실 등 정보 전달을 목적으로 쓰는 말을 '일상어'라고 불러요. 시어는 이러한 일상어를 세련되게 다듬은 말이라 할 수 있어요.

> 내가 그의 이름을 불러 주었을 때
> 그는 나에게로 와서
> 꽃이 되었다.
>
> — 김춘수, 〈꽃〉

위의 시에선 '이름', '꽃'과 같은 단어 하나하나가 시어예요. 이때 '이름'은 어떤 사물에 처음 부여하는 의미, '꽃'은 의미 있는 존재를 상징하죠. 이처럼 시어는 사전적인 의미뿐만 아니라 시인이 부여한 특별한 의미(함축*적 의미)를 갖기도 해요.

*함축(쏨 머금을 함 蓄 쌓을 축) : 의미를 한 가지로 나타내지 않고 문맥을 통하여 여러 가지 뜻을 암시하는 일

시구

詩 句
시 시 | 구절 구

002

시에 쓰인 두 개 이상의 단어가 모여 의미를 이루는 부분

시구는 시어가 모여 이루어진 시의 구절이에요. 구절은 '구*'와 '절*'을 합친 말인
데, 모두 두 개 이상의 단어가 모여 의미를 이루는 부분을 가리켜요. 앞에서 설
명한 김춘수의 〈꽃〉을 다시 예로 들어 볼게요.

이 시에선 '그의 이름을 불러 주었을 때'와 같은 부분이 시구예요. 여러 개의 단
어가 합쳐져 의미를 이루고 있기 때문이죠.

*구(句 구절 구) : 두 개 이상의 단어가 모여 하나의 단어처럼 쓰임.
*절(節 마디 절) : 구보다 더 큰 단위로, 두 개 이상의 단어가 모여 문장을 이룸.

정답 공개 ❶ 국서

Y♥U쌤이 소개한 시는 떨어져도 다시 튀어 오르는 공처럼 어떤 상황에서도 좌절하지 않겠다는 삶의 의지를 표현하고 있어요. 시어는 시에서 쓰인 단어 하나하나이므로 Y♥U쌤이 말하는 시어는 '공'이에요.

시어	시구
• 시에 쓰인 단어 하나하나	• 두 개 이상의 시어가 모여 의미를 이루는 부분
• 시인의 정서를 표현함.	

❝ 시어와 시구는 시인의 생각이나 감정을 드러내기 위해 사용하는 말이야.
시어는 단어이고, 시구는 시어로 구성된 구절이지.
시어나 시구가 반복될 때 운율이 형성되고 주제를 강조할 수 있어. ❞

국준이는 누구의 감정에 크게 공감한 걸까요?

Q

난이도 ★☆☆

변비로 고생하는 국준이는 벌써 20분째 변기에 앉아 있어요. 그러다 화장실 문에 붙은 노랫말을 보고 눈물을 흘리는데요. 다음 중 누구의 감정에 크게 공감한 걸까요?

단서

- 작사가는 직접 겪은 일을 노랫말로 쓸 수도 있지만 항상 그런 것만은 아니다.

- 작사가는 자신의 생각과 느낌을 효과적으로 나타내기 위해 가상의 인물을 내세운다.

- 현재 국준이의 상황에 주목하자.

❶ 작사가 DK

❷ 노랫말 속 변비에 걸린 '나'

시인

詩	人
시 시	사람 인

003

시를 쓰는 사람

시인은 시를 써서 독자와 소통하는 사람이에요. 시간과 공간의 제약 때문에 직접 대화할 순 없지만 시인이 시를 통해 자신의 생각과 느낌을 표현하면 독자는 그 시를 감상할 수 있죠. 우리나라를 대표하는 시인에는 전통적인 한의 정서를 노래한 것으로 유명한 김소월이 있어요.

> 그러나 집 잃은 내 몸이여,
> 바라건대는 우리에게 우리의 보습 대일 땅이 있었더면!
> 이처럼 떠돌으랴, 아침에 저물손에
> – 김소월, 〈바라건대는 우리에게 우리의 보습 대일 땅이 있었더면〉

위의 시에서 '보습 대일 땅'은 '농사지을 땅'을 의미해요. 김소월은 실제 농민은 아니었지만 일제 강점하에서 나라를 잃은 슬픔과 빼앗긴 땅을 되찾고자 하는 소망을 시를 통해 표현한 거예요.

시적 화자

話	者
말할 화	사람 자

004

시 속에서 말하는 사람

시적 화자는 시인의 생각과 느낌을 대신 전달하는 사람이에요. 하지만 시인과
시적 화자가 반드시 일치하는 건 아니에요.

> 엄마야 누나야 강변 살자
> 뜰에는 반짝이는 금모래빛
> — 김소월, 〈엄마야 누나야〉

위의 시에서 시인은 어른이지만 시에서 말하는 사람은 어린아이에 가까워 보이
지 않나요? 시인은 어린아이를 시적 화자로 내세워 평화로운 자연 속에서 살아
가고 싶은 소망을 노래한 거예요. 이처럼 시인은 말하고자 하는 바를 효과적으
로 드러내기 위해 시적 화자를 꾸며 내기도 해요.

정답 공개 ❷ 노랫말 속 변비에 걸린 '나'

화장실 문에 붙은 노랫말은 변비를 내보내는 과정을 표현하고 있어요. 시인과 시적 화자의 관계처럼 작사가와 노랫말 속 인물이 항상 일치하는 건 아니므로, 국준이는 자신과 같은 상황에 놓인 노랫말 속 '나'에게 공감한 거라 볼 수 있어요.

 핵심 정리

시인	시적 화자
• 시를 쓰는 사람 • 시를 통해 자신의 생각과 느낌을 표현함.	• 시 속에서 말하는 사람 • 시인의 생각과 느낌을 효과적으로 드러내기 위해 내세움.

❝ 시인은 시 속에 직접 등장하기도 하고 아닐 때도 있어.
시적 화자라는 대리인을 통해 자신이 말하고자 하는 바를 전달할 수도 있거든.
그래서 시인과 시적 화자가 반드시 일치하는 건 아니야.
시적 화자가 남성이면 강인한 느낌을 줄 수 있고, 어린아이면 순수함을 표현할 수 있다는 사실! ❞

접히지 않은 국순이의 손가락은 몇 개일까요?

Q

난이도 ★☆☆

국순이가 질문을 듣고 거기에 해당하는 손가락을 접는 게임을 하고 있어요. 마지막까지 접히지 않은 국순이의 손가락은 몇 개일까요?

단서	• 시의 내용에 따라 서정시, 서사시, 극시로 나뉜다.
	• 시의 형식에 따라 자유시, 정형시, 산문시로 나뉜다.

❶ 1개　　　❷ 2개　　　❸ 3개　　　❹ 4개

자유시

自 스스로 자   **由** 말미암을 유   **詩** 시 시

005

정해진 형식과 규칙을 따르지 않고 자유롭게 쓴 시

자유시는 일정한 형식 없이 자유롭게 쓴 시예요. 20세기 이전 우리나라에서 창작된 대부분의 시가 정해진 형식에 맞춰 지어진 반면, 20세기 이후의 시들은 자유로운 형식을 추구했어요.

> 돌담에 속삭이는 햇발같이
> 풀 아래 웃음짓는 샘물같이
> 내 마음 고요히 고운 봄 길 위에
> 오늘 하루 하늘을 우러르고 싶다
>   – 김영랑, 〈돌담에 속삭이는 햇발〉

위의 시는 눈에 띄는 규칙성이 있진 않지만 '–는 –같이'와 같은 문장 구조가 반복되고 있어요. 또 '하루', '하늘'과 같이 비슷한 시어들을 사용하면서 자연스럽게 운율을 형성하고 있으므로 자유시라고 볼 수 있어요.

정형시

定	型	詩
정할 정	거푸집 형	시 시

006

정해진 형식과 규칙에 맞추어 쓴 시

정형시는 일정한 형식이 있는 시예요. 그중 대표적인 것으로 고려 시대 말에 시작해서 조선 시대에 활발히 창작된 시조가 있어요.

> 이런들 어떠하며 저런들 어떠하리
> 만수산 드렁칡이 얽어진들 어떠하리
> 우리도 이같이 얽어져 백 년까지 누리리라
>
> ― 이방원, 〈하여가〉

위의 작품처럼 시조는 세 줄로 이루어져 있어요. 시조에서는 첫째 줄을 '초장', 둘째 줄을 '중장', 셋째 줄을 '종장'이라고 말해요. 또 일정한 간격으로 끊어 읽는 말의 덩이를 '음보'라고 하는데 '이런들∨어떠하며∨저런들∨어떠하리'와 같이 네 부분으로 나뉘어서 읽히므로 4음보를 형성하고 있어요. 이처럼 시조는 3장, 4음보를 따르는 대표적인 정형시에 해당돼요.

코스 요리가 준비되었습니다.

정해진 규칙에 따라 국민의 안전을 보호하겠습니다!

매가 여행

정형시

정답 공개 ❸ 3개

정답 공개 ❸ 3개

정해진 형식과 규칙을 따르지 않고 자유롭게 쓴 시는 자유시, 정해진 형식과 규칙에 맞춰 쓴 시는 정형시이므로 국순이가 접지 않은 손가락 개수는 3개예요.

 핵심 정리

자유시	정형시
• 일정한 형식 없이 자유롭게 쓴 시 • 대부분의 현대시가 해당함.	• 일정한 형식이 있는 시 • 시조가 해당함.

" 정해진 형식과 규칙이 있느냐, 없느냐에 따라 자유시와 정형시로 나눌 수 있어.
고려 시대부터 창작된 시조가 정해진 형식에 맞춰 썼던 것과 달리,
대부분의 현대시는 자유로움을 추구하지. "

국준이가 낭독하고 있는 시는 어떤 종류에 해당할까요?

Q 난이도 ★☆☆

국준이가 자작시 낭독회에 참가하여 직접 쓴 시를 발표하고 있어요. 국준이의 시는 다음 중 어떤 종류에 해당할까요?

단서
- 서정시는 개인의 생각이나 감정을 표현한다.
- 서사시는 역사적, 국가적, 종교적으로 의미를 지니는 주제나 신, 영웅의 이야기를 담아낸다.

❶ 서정시
❷ 서사시

서정시

抒	情	詩
풀 서	뜻 정	시 시

007

개인의 생각이나 감정을 표현한 시

서정시는 시인이 느낀 생각이나 감정을 주관적으로 표현한 시예요. 우리나라 최초의 서정시라고 평가받는 〈황조가〉는 사랑하는 임을 잃은 유리왕의 아픔을 담고 있어요.

> 훨훨 나는 저 꾀꼬리
> 암수 서로 정다운데
> 외로워라 이 내 몸은
> 뉘와 함께 돌아갈까
> – 유리왕, 〈황조가〉

위의 시에서 짝을 잃은 쓸쓸함과 꾀꼬리를 향한 부러움이 잘 느껴지나요?
우리가 알고 있는 오늘날의 시는 대부분 서정시에 해당해요. 특히 현대시에서는 다양한 표현 방법과 운율을 활용하여 감정을 담아낸답니다.

어머
어째

황조가

고향으로 돌아간 아내를
쫓아가는 유리왕

꾀꼬리 한 쌍을 보고 외로운
신세를 한탄하는 유리왕

서사시

抒	事	詩
풀 서	일 사	시 시

008

역사적 사실이나 신화, 전설 등을 엮어 낸 시

서사시는 역사적 사건, 영웅의 일대기나 업적 등을 소재로 쓴 시예요. 웅장하고 무게감이 느껴지며, 작품의 길이가 긴 편이죠. 우리나라의 대표적인 서사시인 〈동명왕편〉은 고구려를 건국한 동명왕의 업적을 칭송*하고 있어요.

> 왕이 해모수의 왕비인 것을 알고
> 이에 별궁에 두었다
> 해를 품고 주몽을 낳았으니
> 이 해가 계해년이었다.
> — 이규보, 〈동명왕편〉

위의 시는 동명왕의 일대기 외에도 동명왕 탄생 이전의 이야기와 후계자인 유리 왕에 대한 이야기까지 담고 있어 그 내용이 방대*해요.

*칭송(稱 일컬을 칭 頌 칭송할 송) : 칭찬하여 일컬음.
*방대(厖 두터울 방 大 클 대) : 규모나 양이 매우 크거나 많음.

짐승들의 보호 속에서
알을 깨고 태어난 동명왕

일곱 살부터 스스로 활과
화살을 만들어 쏘는 동명왕

동명왕편

국준이는 임진왜란 때 큰 공을 세운 이순신 장군의 업적에 대해 말하고 있어요. 역사적 사실을 이야기 형태로 풀어냈으므로 서사시에 해당해요.

핵심 정리

서정시	서사시
• 개인의 생각, 감정을 표현한 시 • 대부분의 현대시가 해당함.	• 역사적 사실, 신화, 전설 등을 다룬 시 • 웅장하고 작품의 길이가 긴 편임.

66 시인의 생각, 감정을 주관적으로 표현한 대부분의 현대시는 서정시야.

역사적 사건, 신화, 영웅적 업적을 크게 기리고 있다면 서사시지.

이제 서정시와 서사시가 헷갈리지 않겠지? 99

국순이와 친구들이 둘러본 전시관은 어느 시대에 해당할까요?

Q 난이도 ★☆☆

시대별로 전시된 시를 감상하러 간 국순이와 친구들. 이번에는 윤동주 시인의 시를 만났는데요. 이들이 둘러본 전시관은 어느 시대에 해당할까요?

*육첩방(六 여섯 육 疊 거듭 첩 房 방 방) : 다다미가 여섯 장 깔린 일본식 방

단서
- 윤동주 시인은 1942년 2월 말 일본으로 유학을 떠났다.
- 윤동주 시인은 1943년 7월 14일 독립운동 혐의로 일본 경찰에 체포되었다.
- 윤동주 시인은 1945년 2월 16일 일본 후쿠오카 형무소에서 사망했다.

❶ 고려 시대   **❷ 일제 강점기**

시적 대상

詩	的	對	相
시 시	과녁 적	대할 대	서로 상

009

시적 화자가 바라보는 대상

시적 대상은 시적 화자가 바라보는 구체적인 사람, 사물이나 시의 소재*가 되는 관념*을 말해요. 예를 들어 시적 화자가 강아지에 대해 말하고 있다면 강아지가 시적 대상이 되고, 사랑을 소재로 말한다면 사랑이 시적 대상이 되는 거예요.

> 오—매 단풍 들것네
> 장광에 골불은 감잎 날러오아
> 누이는 놀란 듯이 치어다보며
> 오—매 단풍 들것네
>   – 김영랑, 〈오—매 단풍 들것네〉

위의 시는 어느새 가을이 왔음을 느끼고 놀라는 누이를 소재로 삼고 있어요. 따라서 '누이' 혹은 '감잎을 보는 누이의 마음'을 시적 대상으로 볼 수 있어요.

*소재(素 본디 소 材 재목 재) : 글의 내용이 되는 재료
*관념(觀 볼 관 念 생각할 념) : 어떤 일에 대한 견해나 생각

시적 상황

詩	的	狀	況
시 시	과녁 적	형상 상	하물며 황

010

시에서 드러나는 상황

시적 상황은 시적 화자나 시적 대상이 처해 있는 형편, 분위기, 환경을 말해요. 이들이 놓여 있는 시간적·공간적·심리적 상태나 시에 반영된 역사적·사회적 배경 등과 밀접한 관련이 있어요. 이러한 시적 상황에 따라 시적 화자의 태도*나 어조*가 결정되기도 해요.

> 손가락에 침 발러
> 쏘옥, 쏙, 쏙,
> 장에 가신 엄마 돌아오나
> 문풍지를
> 쏘옥, 쏙, 쏙
> – 윤동주, 〈햇빛·바람〉

위의 시는 시적 화자가 시장에 간 엄마를 기다리는 시적 상황을 담고 있어요. 이를 통해 엄마를 그리워하는 시적 화자의 태도와 쓸쓸한 어조를 느낄 수 있어요.

*태도(調 모습 태 度 법도 도) : 시적 상황이나 시적 대상에 대해 시적 화자가 보이는 반응
*어조(語 말씀 어 調 고를 조) : 시적 화자의 목소리와 사용하는 말투

정답 공개 ❷ 일제 강점기

윤동주 시인은 '육첩방', '어느 왕조의 유물'과 같은 시어를 통해 식민지의 암울한 현실을 표현했어요. '일제 강점기'라는 시적 상황을 시에 담아냄으로써 지식인으로서 갖는 고뇌와 나라를 잃은 슬픔을 느낄 수 있답니다.

 핵심 정리

시적 대상	시적 상황
• 시적 화자가 바라보는 대상 • 사람, 사물, 관념이 해당함.	• 시에서 드러나는 상황 • 시적 화자나 시적 대상이 처해 있는 형편, 분위기, 환경이 해당함.

❝ 시적 화자가 시에서 말하고자 하는 대상은 시적 대상!
시적 화자 또는 시적 대상이 처해 있는 상황은 시적 상황!
시적 화자나 시적 대상이 시 속에서 겪는 시간적 · 공간적 · 심리적 상태와
시에 반영된 역사적 · 사회적 배경은 시적 상황과 연관이 있다는 점도 알아 두자. ❞

시적 화자의 태도와 어조를 잘못 해석한 사람은 누구일까요?

Q

국순이와 친구들은 시화전에서 가장 인상 깊었던 윤동주 시인의 시에 대해 이야기하고 있어요. 이들 중 시적 화자의 태도와 어조를 잘못 해석한 사람은 누구일까요?

| 단서 | • 태도는 시적 화자의 마음가짐이고, 어조는 시적 화자의 말투이다. |
| | • 시적 화자의 태도는 어조를 통해 드러난다. |

❶ 국순

❷ 국준

태도

態 度
모양 태　법도 도

011

시적 상황이나 시적 대상을 대하는 시적 화자의 자세

태도는 시적 화자가 특정한 시적 상황에 처해 있거나 시적 대상을 바라볼 때, 겉으로 보이는 반응을 말해요. 고난에 빠졌을 때 좌절한다면 절망적 태도라고 할 수 있지만, 극복하기 위해 노력한다면 의지적 태도인 거죠. 이처럼 같은 상황이라도 어떻게 대응하느냐에 따라 시적 화자의 태도는 다를 수 있어요.

> 그리고 한 사나이가 있습니다.
> 어쩐지 그 사나이가 미워져 돌아갑니다.
>
> 돌아가다 생각하니 그 사나이가 가엾어집니다.
> — 윤동주, 〈자화상〉

위의 시에서 시적 화자는 자신을 '한 사나이'로 표현하여 미워하다가 다시 가여움을 느껴요. 이처럼 하나의 시 안에서 태도의 변화를 보여 주기도 한답니다.

태 도

어조 語 調
말씀 어 / 고를 조

012

시적 화자의 목소리, 말투

어조는 시적 화자가 사용하는 말의 분위기나 말투를 말해요. 우리가 평소에 말할 때를 떠올려 보세요. 기쁠 때, 우울할 때, 화가 날 때 모두 말투가 달라지죠? 시에서도 시적 화자의 나이, 정서, 시적 상황에 따라 어조가 달라져요. 또한 어조는 문장을 끝맺는 방식에 따라 결정되는 경우가 많아요.

> 내 죽으면 한 개의 바위가 되리라
> – 유치환, 〈바위〉

위의 시는 '–리라'로 문장을 마무리하며 시적 화자의 의지를 단호한 어조로 드러내고 있어요. 이처럼 어조는 시적 화자의 태도를 보여 주거나 주제를 강조하기도 한답니다.

어 조

❷ 국준

앞서 소개된 윤동주 시인의 <쉽게 씌어진 시>에서는 일제 강점기라는 암담한 현실에 직접 맞서지 못하고 시를 쓸 수밖에 없는 괴로움을 드러냈어요. <참회록>에서는 자신의 모습을 부끄러워하는 태도가 나타나죠. 하지만 두 작품 모두 일본을 강하게 비판하는 어조는 찾아볼 수 없어요.

핵심 정리

태도	어조
• 시적 상황이나 시적 대상에 대한 시적 화자의 자세 • 상황에 대응하는 방식에 따라 달라짐. • 절망적, 애상적, 의지적, 희망적 등이 있음.	• 시적 화자의 목소리, 말투 • 나이, 정서, 시적 상황에 따라 달라짐. • 명령적, 권유적, 예찬적, 격정적 등이 있음.

> 태도와 어조는 서로 밀접한 관련이 있어.
> 시적 화자의 태도를 드러내기 위해 어조를 활용하기 때문이지.
> 시적 화자가 처한 상황 → 태도 → 어조 순으로 파악하면 쉽다는 점 기억해!

국순이와 친구들이 그림으로 표현한 OO은 무엇일까요?

Q

Y♥U쌤은 시를 읽고 떠오르는 OO을 그림으로 바르게 표현한 사람에게 지니어스가 될 기회를 주기로 했어요. OO에 들어갈 말은 다음 중 무엇일까요?

단서

• 운율은 시를 읽을 때 노래를 부르는 듯한 느낌을 준다.

• 심상은 시에 표현된 대상이나 상황을 구체적인 형태로 그려볼 수 있도록 한다.

❶ 운율　　　　　　**❷ 심상**

운율

韻 운운
律 법을

013

시를 읽을 때 느껴지는 말의 가락

운율은 시의 '운'과 '율'을 합친 말이에요. 운은 같은 소리가 규칙적으로 쓰이는 것이고, 율은 비슷한 짜임새가 반복될 때 나타나는 소리의 질서예요. 일정한 말소리, 글자 수, 문장 구조 등이 반복될 때 운율이 생겨요. 즉, 운율은 규칙적인 반복을 통해 만들어지죠.

> 사각사각
> 미용실 누나 손에 들린 은빛 가위
>
> – 이장근, 〈나는 지금 꽃이다〉

위의 시는 가위질 소리를 흉내 내는 의성어* '사각'이라는 단어를 반복하여 운율을 만들어 내고 있어요. 이처럼 운율은 말의 재미를 느끼게 하고 시적 화자의 정서를 효과적으로 전달하기도 한답니다.

*의성어(擬 비길 의 聲 소리 성 語 말씀 어) : 사람이나 사물의 소리를 흉내 낸 말

심상

心	像
마음 심	모양 상

014

시를 읽을 때 마음속에 떠오르는 구체적인 모습이나 느낌

심상은 언어에 의해 마음속으로 그려지는 색깔, 모양, 소리, 냄새, 맛, 촉감 등을 말해요. '이미지'라고도 부르죠. 이러한 심상에는 시각적, 청각적, 후각적, 미각적, 촉각적 심상과 둘 이상의 감각을 사용하는 공감각적 심상, 복합 감각적심상이 있어요. 시인은 심상을 통해 시적 대상이나 시적 상황을 구체적이고, 생생하게 표현할 수 있어요.

> 아, 아버지가 눈을 헤치고 따 오신
> 그 붉은 산수유 열매
> 나는 한 마리 어린 짐승
> 젊은 아버지의 서느런 옷자락에
> 열로 상기한 볼을 말없이 부비는 것이었다.
>
> — 김종길, 〈성탄제〉

위의 시는 '붉은'을 통해 시각적 심상을, '서느런', '열로 상기한'을 통해 촉각적 심상을 만들어 내고 있어요. 이처럼 심상은 시인이 말하고자 하는 느낌이나 분위기를 불러일으키기도 한답니다.

정답 공개 ❷ 심상

해당 시에서 '새까만 어둠 속', '심을 땐 하나', '캘 땐 줄줄이 나간다'라는 표현을 통해 땅속에서 줄기로 연결되어 자라는 감자의 모습을 상상할 수 있어요. 시에 사용된 언어를 통해 마음속에 구체적인 모습이 그려지므로 심상을 표현한 거예요.

핵심 정리

운율	심상
• 시를 읽을 때 느껴지는 말의 가락 • 같거나 비슷한 말소리, 글자 수, 문장 구조 등의 반복을 통해 형성됨. • 음악적 효과를 주며, 시적 화자의 정서를 효과적으로 전달함.	• 시를 읽을 때 마음속에 떠오르는 모습이나 느낌 • 오감에 따른 감각적인 언어를 통해 표현됨. • 시인이 말하고자 하는 바가 구체적이고 생생하게 그려짐.

❝ 규칙적인 반복을 통해 만들어진다면 운율! 오감을 활용한 언어로 표현된다면 심상!
심상의 종류에는 모양이나 색깔을 나타내는 시각적 심상, 소리를 나타내는 청각적 심상,
냄새를 나타내는 후각적 심상, 맛을 나타내는 미각적 심상, 감촉을 나타내는 촉각적 심상,
둘 이상의 감각을 사용하는 공감각적 심상, 복합 감각적 심상이 있어. ❞

Y♥U쌤은 국준이의 랩을 듣고 무엇을 느꼈을까요?

Q

난이도 ★★☆

힙합 오디션 프로그램에 참가한 국준이의 랩을 듣고 Y♥U쌤이 "○○○이 느껴지는 한 편의 시 같아!"라고 칭찬하네요. ○○○에 들어갈 말은 무엇일까요?

단서

• 운율의 종류에는 내재율과 외형률이 있다.

• 작품 속에서 운율이 은근히 느껴지면 내재율, 겉에 뚜렷하게 드러나면 외형률이다.

• 국준이가 랩을 만들 때 리듬감을 주기 위해 사용한 방법이 무엇인지 살펴보자.

❶ 내재율　　　　　　　　**❷ 외형률**

내재율

內	在	律
안내	있을재	가락율

015

시의 운율이 겉으로 드러나지 않고 내면에 은근히 흐르는 운율

내재율은 운율이 겉으로 드러나지 않고 시 안에 숨어 있어서, 시를 읽는 과정에서 은근하게 느껴지는 운율을 말해요. 정해진 형식 없이 자유롭게 쓴 대부분의 자유시가 내재율을 지니고 있죠. 시인이 시 속에서 특정 단어, 구절*, 문장 등을 반복적으로 사용해 리듬감을 만들어 냈기 때문에 시를 읽는 사람이 내재율을 느낄 수 있는 거예요.

> 어머니, 우리 어머니 꼭 밥상 펴라 말씀하시는데요
> — 정일근, 〈신문지 밥상〉

위의 시는 '어머니'라는 시어를 반복하고 있어요. 이때 시인이 특정 단어를 반복하는 것은 표현 방법일 뿐 규칙은 아니므로 내재율이 나타난다고 할 수 있어요.

*구절(句 글귀 구 節 마디 절) : 두 개 이상의 단어가 연결되어 문장의 일부분이 되는 단위

외형률

外	形	律
바깥 외	모양 형	가락 율

016

시의 운율이 겉으로 뚜렷하게 드러나는 운율

외형률은 운율이 겉으로 드러나 있어서, 시의 내용을 보지 않아도 눈으로 확인할 수 있는 운율을 말해요. 우리나라 정형시의 대표격인 시조가 외형률을 지니고 있죠. 앞서 시조는 4음보의 규칙이 있다고 했어요.

```
 ┌3글자┐  ┌4글자┐   ┌3글자┐  ┌4글자┐
이 몸이 ∨ 죽고 죽어 ∨ 일백 번 ∨ 고쳐 죽어
```
                    – 정몽주, 〈단심가〉

위의 시조는 네 개의 덩이로 끊어 읽을 때 안정감이 있으므로 4음보예요. 이때 음보를 띄어쓰기와 착각하면 안 돼요. 이번에는 반복되는 글자 수를 세어 볼까요? 3글자·4글자가 반복되는데 이것을 '3·4조'라고 말해요. 따라서 위의 시조에서는 3·4조 4음보의 규칙을 지닌 외형률이 나타난다고 할 수 있어요.

❶ 내재율

자작 랩은 형식에 얽매이지 않고 자유롭게 쓴 자유시에 가까워요. 모든 건 랩을 만든 사람의 마음에 달려 있죠. 국준이는 '너만을', '사랑해'라는 구절을 반복하여 리듬감을 만들어 냈어요. 따라서 내재율이 느껴지는 랩이라고 할 수 있어요.

내재율	외형률
• 겉으로 드러나지 않고 은근히 느낄 수 있는 운율 • 특정 단어, 구절, 문장 등의 반복을 통해 운율을 형성함. • 대부분의 자유시가 해당함.	• 겉으로 뚜렷하게 드러나는 운율 • 음보, 글자 수 등의 반복을 통해 일정한 규칙을 형성함. • 시조가 대표적임.

❝ 시를 읽는 과정에서 운율을 느낄 수 있다면 내재율!
시의 내용을 살펴보지 않아도 규칙적인 리듬을 눈으로 확인할 수 있다면 외형률!
내재율에서 사용하는 반복은 운율을 형성하기 위한 표현 방법일 뿐 규칙은 아니야. **❞**

치킨 타령에서 느껴지는 ○○○은 무엇일까요?

Q

먹방 유튜버의 치킨 타령을 듣던 국준이가 "일정한 간격으로 말의 덩이를 끊어 읽으니까 ○○○이 느껴지네!"라고 말하는데요. ○○○에 들어갈 말은 무엇일까요?

단서

• 음보율은 한 호흡으로 일정하게 끊어 읽을 때 생긴다.

• 음수율은 글자 수가 일정하게 반복될 때 생긴다.

• 먹방 유튜버가 끊어 읽는 흐름을 살펴보자.

❶ 음보율   ❷ 음수율

음보율

音	步	律
소리 음	걸음 보	법 율

017

호흡의 단위가 일정하게 반복되면서 생기는 운율

걷고 있는 사람의 모습을 머릿속으로 떠올려 보세요. 일정한 보폭으로 나아가는 모습을 상상할 수 있죠? 음보율이란 마치 걸음을 내딛는 것처럼 일정한 간격으로 말의 덩이를 끊어 읽음으로써 만들어지는 운율이에요. 음보율에는 세 덩이로 끊어 읽는 3음보, 네 덩이로 끊어 읽는 4음보 등이 있어요.

나 보기가 ∨ 역겨워 ∨ 가실 때에는
죽어도 ∨ 아니 눈물 ∨ 흘리오리다
– 김소월, 〈진달래꽃〉

위의 시는 세 덩이로 끊어 읽을 때 자연스러워요. 하나의 행에서 세 덩이로 끊어 읽는 것을 반복하므로 3음보라고 할 수 있어요.

음수율

音	數	律
소리 음	셀 수	법 율

018

음절의 개수가 일정하게 반복되면서 생기는 운율

음수율이란 음절의 개수가 규칙적으로 반복되며 만들어지는 운율이에요. 음절은 한 번에 소리 낼 수 있는 소리마디예요. 예를 들어 '하늘'이라는 단어에서 '하'와 '늘'은 하나의 음절에 해당하죠. 그렇다면 음절의 개수가 반복된다는 것은 어떤 의미일까요?

```
 ┌3음절┐ ┌─4음절─┐ ┌─4음절─┐ ┌─4음절─┐
 1 2 3   1 2 3 4   1 2 3 4   1 2 3 4
```
동창이 밝았느냐 노고지리 우지진다
　　　　　　　– 남구만, 〈동창이 밝았느냐〉

위의 시조는 3음절, 4음절, 4음절, 4음절로 되어 있어요. 바꿔 말하면 3글자, 4글자, 4글자, 4글자로 구성된 거죠. 3글자, 4글자가 반복되면 3·4조, 4글자, 4글자가 반복되면 4·4조라고 하는데 시조는 보통 3·4조, 4·4조, 7·5조의 음수율을 가지는 경우가 많아요.

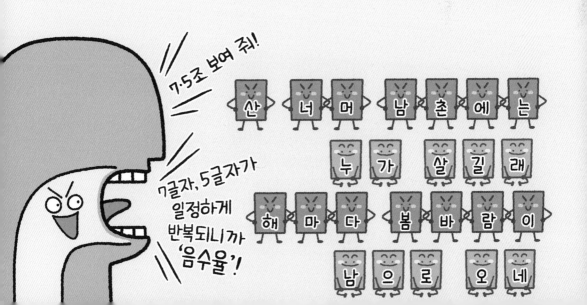

정답 공개
① 음보율

'먹으리 ∨ 먹으리랏다 ∨ 치킨을 ∨ 먹으리랏다 / 다리랑 ∨ 날개를 들고 ∨ 치킨을 ∨ 먹으리랏다' 는 네 덩이로 끊어 읽을 수 있어요. 호흡에 따라 일정하게 말의 덩이를 끊어 읽음으로써 생기는 운율 이므로 음보율이에요.

핵심 정리

음보율	음수율
• 호흡의 단위가 일정하게 반복되면서 생기는 운율 • 3음보, 4음보 등이 있음.	• 음절의 개수가 일정하게 반복되면서 생기는 운율 • 3·4조, 4·4조, 7·5조 등이 있음.

> 일정한 끊어 읽기의 반복으로 나타나는 운율은 음보율!
> 일정한 글자 수의 반복으로 나타나는 운율은 음수율!
> 하나의 시에서 음보율과 음수율이 동시에 나타날 수도 있어.

국주가 보고 온 여수 밤바다는 어떤 이미지였을까요?

Q

난이도 ★★☆

여름 방학 동안 가족 여행을 다녀온 국주가 국순이에게 여수 밤바다에 대해 이야기하고 있어요. 국주가 보고 온 여수 밤바다는 어떤 이미지였을까요?

단서

- 정적 이미지는 시적 상황이 고요하거나 시적 대상의 움직임이 없는 듯한 느낌을 준다.
- 동적 이미지는 힘차고 생동감이 넘치는 느낌을 준다.

❶ 정적 이미지   ❷ 동적 이미지

정적 이미지

靜	的	Image	019
고요할 정	과녁 적	이미지	

움직임이 거의 없거나 정지된 상태를 떠올리게 하는 이미지

'정적'은 '정지 상태에 있는'이라는 뜻을 지니고 있어요. 정적 이미지란 움직임이 아예 없거나 있더라도 적거나 느린 사람, 사물 등의 시적 대상에 대한 이미지를 말해요. 머릿속에 호수의 모습을 그려 볼까요? 잔잔한 호수의 수면이 떠오른다면 그것이 바로 정적 이미지에 해당해요.

> 머언 산 청운사
> 낡은 기와집
> – 박목월, 〈청노루〉

위의 시에서 '청운사'는 깊은 산속에 있는 공간으로 묘사되면서 마치 한 폭의 동양화 같은 고요한 느낌을 주므로 정적 이미지를 표현한 것이라고 볼 수 있어요.

동적 이미지

動	的	Image
움직일 동	과녁 적	이미지

020

크거나 빠른 움직임을 떠올리게 하는 이미지

'동적'은 '움직이는 성격의'라는 뜻을 지니고 있어요. 동적 이미지란 움직임이 활발하고 힘찬 사람, 사물 등의 시적 대상에 대한 이미지를 말해요. 머릿속에 바다의 모습을 그려 볼까요? 바위에 부딪히는 거센 파도가 떠오른다면 그것이 바로 동적 이미지에 해당해요.

> 저것은 절망의 벽이라고 말할 때
> 담쟁이는 서두르지 않고 앞으로 나아간다.
> — 도종환, 〈담쟁이〉

위의 시에서 '나아간다'는 벽을 타고 앞으로 뻗어나가는 담쟁이의 의지를 역동적으로 표현하고 있으므로 동적 이미지를 표현한 것이라고 볼 수 있어요. 이처럼 동적 이미지를 활용하면 생동감*을 줄 수 있답니다.

*생동감(生 날 생 動 움직일 동 感 느낄 감) : 생기 있게 살아 움직이는 듯한 느낌

❶ 정적 이미지

국주는 '초승달이 미소를 짓고', '잔잔하게 이는 물결'이라는 표현을 통해 국순이에게 여수 밤바다의 모습을 설명했어요. 고요하고 움직임이 느린 정적 이미지를 활용함으로써 여수 밤바다의 평화로움을 나타낸 거예요.

 **핵심 정리**

정적 이미지	동적 이미지
• 움직임이 거의 없거나 정지된 인상을 주는 이미지 • 고요함이 느껴짐.	• 움직임이 크거나 빠른 인상을 주는 이미지 • 생동감이 느껴짐.

> 시적 화자가 사람이나 사물 등의 시적 대상을 바라볼 때
> 정적 이미지를 효과적으로 활용하면 평온하고 부드러운 느낌을 줄 수 있고,
> 동적 이미지를 효과적으로 활용하면 활기찬 생명력을 드러낼 수 있어.

두 작품에서 공통적으로 느낄 수 있는 이미지는 무엇일까요?

Q

난이도 ★★☆

국서는 책을 읽고 난 뒤 가장 인상 깊었던 장면에 대해 적어 보았어요. 정리한 내용을 보고 "어딘가 닮은 것 같은데…?"라며 고개를 갸우뚱거리는 국서. 두 작품에서 국서가 공통적으로 느낀 이미지는 무엇일까요?

단서

- 상승 이미지는 위로 올라가는 듯한 느낌을 불러일으킨다.

- 하강 이미지는 아래로 내려가는 듯한 느낌을 불러일으킨다.

- 잎새와 심청이가 향하는 방향에 주목하자.

❶ 상승 이미지   ❷ 하강 이미지

상승 이미지

上 위 상 昇 오를 승 Image 이미지 **021**

낮은 곳에서 높은 곳으로 올라가는 느낌을 주는 이미지

시에서 쓰이는 다양한 이미지 중에 아래에서 위로 올라가는 느낌을 주는 이미지를 가리켜 상승 이미지라고 말해요. 떠오르는 태양, 하늘 높이 떠오르는 풍선, 바닥에서 튀어 오르는 공 등에서 연상되는 이미지가 상승 이미지에 해당돼요.

> 영상으로 영상 오 도 영상 십삼 도 지상으로
> 밀고 간다, 막 밀고 올라간다.
> – 황지우, 〈겨울–나무로부터 봄–나무에로〉

위의 시는 겨울에서 봄으로 계절이 바뀌면서 꽃을 피우는 나무의 모습을 보여주는데, 아래에서 위로 올라가는 느낌을 주므로 상승 이미지로 표현한 것이라 볼 수 있어요. 이처럼 상승 이미지를 활용하면 주로 긍정적인 느낌을 전달할 수 있답니다.

상승 이미지

하강 이미지

下	降	Image	022
아래 하	내릴 강	이미지	

높은 곳에서 낮은 곳으로 내려가는 느낌을 주는 이미지

상승 이미지와는 반대로 위에서 아래로 떨어지는 느낌을 주는 이미지를 가리켜 하강 이미지라고 말해요. 지는 태양, 하늘에서 추락하는 연, 바닥을 향해 떨어지는 물건 등에서 연상되는 이미지가 하강 이미지에 해당돼요.

> 관이 내렸다.
> 깊은 가슴 안에 밧줄로 달아 내리듯.
>
> — 박목월, 〈하관〉

위의 시는 땅속에 관을 묻는 장례식의 모습을 보여 주는데, 위에서 아래로 내려가는 느낌을 주므로 하강 이미지로 표현한 것이라 볼 수 있어요. 이처럼 하강 이미지를 활용하면 주로 부정적인 느낌을 주지만 문맥에 따라 긍정적인 느낌을 전달할 수도 있답니다.

❷ 하강 이미지

<마지막 잎새>의 잎새가 떨어지는 모습과 <심청전>의 심청이가 바다로 몸을 던지는 모습은 모두 높은 곳에서 낮은 곳으로 내려가는 느낌을 주죠. 즉, 하강 이미지를 통해 어둡고 우울한 느낌을 전달한 거예요.

핵심 정리

상승 이미지	하강 이미지
• 낮은 곳에서 높은 곳으로 올라가는 인상을 주는 이미지 • 주로 긍정적인 느낌을 줌. • 떠오르는 태양, 하늘로 떠오르는 풍선, 바닥에서 튀어 오르는 공 등이 있음.	• 높은 곳에서 낮은 곳으로 떨어지는 인상을 주는 이미지 • 주로 부정적인 느낌을 주지만, 긍정적으로 활용되기도 함. • 지는 태양, 하늘에서 추락하는 연, 바닥을 향해 떨어지는 물건 등이 있음.

❝ 아래에서 위로 올라가는 듯한 느낌을 준다면 상승 이미지!
위에서 아래로 내려가는 듯한 느낌을 준다면 하강 이미지!
아래에서 위로 올라갔다가 다시 내려오는 롤러코스터는 이 둘을 모두 가지고 있겠지? ❞

국순이의 시적 표현은 어떤 심상에 해당할까요?

Q
난이도 ★★★

못다 한 수다를 떨기 위해 놀이터에서 만난 국순이와 국주. 국순이가 이따금 시적 표현을 사용하는데 다음 중 어떤 심상에 해당할까요?

단서

• 국순이의 시적 표현에는 두 가지 이상의 감각이 등장하고 있다.

• 감각 A에서 감각 B로 옮겨 가게 표현하면 공감각적 심상이다.

• 감각 A와 B를 나란히 표현하면 복합 감각적 심상이다.

----

❶ 공감각적 심상   **❷ 복합 감각적 심상**

공감각적 심상

共	感	覺	023
함께 공	느낄 감	깨달을 각	

하나의 감각이 다른 감각으로 옮겨 가서 둘 이상의 감각을 동시에 떠오르게 하는 심상

공감각적 심상은 하나의 감각을 다른 감각으로 바꾸어 표현하여 둘 이상의 감각이 어우러지는 심상을 말해요.

> 우리가 '풀잎' 하고 그를 부를 때는,
> 우리들의 입 속에서는 푸른 휘파람 소리가 나거든요.
>
> — 박성룡, 〈풀잎〉

위의 시는 '풀잎'이라는 단어를 소리 낼 때의 느낌을 '푸른 휘파람 소리'로 표현하고 있어요. '휘파람 소리'라는 청각적 심상을 '푸른'이라는 시각적 심상으로 옮겨 표현한 거죠. 감각이 옮겨 가는 것을 '전이'라고 하는데, 청각적 심상을 시각적 심상으로 전이시켜 표현한다고 하여 '청각의 시각화'라고 해요. '○○의 □□화'라고 쓸 때, ○○에 들어갈 말은 원래 표현하고자 하는 대상의 심상이에요.

복합 감각적 심상

複	合	感	覺	024
겹옷 복	합할 합	느낄 감	깨달을 각	

서로 다른 감각이 단순히 나열된 심상

복합 감각적 심상은 두 가지 이상의 감각이 단순하게 나란히 제시되는 심상을 말해요.

> 술 익는 마을마다
> 타는 저녁 놀
>   – 박목월, 〈나그네〉

위의 시는 '술 익는'이라는 후각적 심상과 '저녁 놀'이라는 시각적 심상을 사용하여 향토적*인 분위기를 나타내고 있어요. 이처럼 각각의 감각이 구분된 채로 나열되어 있으면 복합 감각적 심상이에요.

*향토적(鄕 시골 향 土 흙 토 的 과녁 적) : 고향이나 시골의 정취가 담겨 있음.

정답 공개 ❶ 공감각적 심상

국순이는 시각적 심상인 '새파란 초승달'을 '시리다'라는 촉각적 심상으로 옮겨 표현했어요. 국주의 웃음소리를 듣고선 청각적 심상인 '웃음소리'를 시각적 심상인 '새하얀'으로 바꾸어 표현했죠. 하나의 감각이 다른 감각으로 옮겨 가서 둘 이상의 감각이 동시에 어우러지므로 공감각적 심상을 사용한 거예요.

 **핵심 정리**

공감각적 심상	복합 감각적 심상
• 하나의 감각이 다른 감각으로 옮겨 가서 둘 이상의 감각을 동시에 떠오르게 하는 심상 • 심상의 전이 : A → B	• 서로 다른 감각이 단순히 제시된 심상 • 심상의 나열 : A와 B

❝ 시인은 시적 대상이나 시적 상황을 구체적으로 표현하고 싶을 때 심상을 사용해.
하나의 감각이 다른 감각으로 전이되어 표현되었다면 공감각적 심상!
감각이 각각 구분된 채로 나열되어 있다면 복합 감각적 심상!
둘의 차이를 분명히 알아 두자! ❞

국순이는 어떤 관념을 사용하여 메시지를 남겼을까요?

Q   난이도 ★☆☆

만난 지 1년이 되는 날을 기념하기 위해 사진을 찍으러 간 국순이와 어흥이. 국순이는 ☐ 관념을 사용하여 어흥이에 대해 메시지로 남겼는데요. ☐에 들어갈 말은 무엇일까요?

단서

• 원관념은 표현하고자 하는 대상이다.

• 보조 관념은 빗대어 표현한 대상이다.

• 어흥이의 성격과 모습을 생생하게 드러내는 표현에 주목하자.

❶ 원 관념   ❷ 보조 관념

원관념

元	觀	念
으뜸 원	볼 관	생각할 념

025

원래 표현하고자 하는 대상

시인은 시적 대상을 직접 말하기도 하지만, 모양이나 상태 등을 효과적으로 드러내기 위해 다른 대상에 빗대어 표현하기도 해요. 예를 들어 '사과 같은 내 얼굴'이라는 표현을 살펴볼까요? 원래 표현하려고 하는 대상인 '내 얼굴'을 '사과'에 빗대어 표현하는데 이때 '내 얼굴'을 원관념이라고 해요.

> 꽃가루와 같이 부드러운 고양이의 털에
> – 이장희, 〈봄은 고양이로다〉

위의 시는 '고양이의 털'의 부드러운 느낌을 생생하게 전달하기 위해 '꽃가루'에 빗대어 표현하고 있어요. 여기서 원관념은 원래 표현하고자 하는 대상인 '고양이의 털'이 되는 거예요.

꽃가루와 같이 부드러운 어흥이의 털에~!

원관념은 어흥이의 털!

보조 관념은 꽃가루!

보조 관념

補	助	觀	念
기울 보	도울 조	볼 관	생각할 념

026

빗대어 나타낸 다른 대상

시적 대상을 다른 대상에 빗대어 표현할 때, 원관념을 표현하기 위해 활용한 대상을 보조 관념이라고 말해요. 앞에서 소개한 '사과 같은 내 얼굴'이라는 표현에서 '내 얼굴'이 원관념이라면 빗대어 표현한 '사과'가 보조 관념이 되는 거죠.

> 하늘다리 놓였다
> 알롱달롱 무지개
> 노래하자 즐겁게
>   – 윤동주, 〈햇비〉

위의 시는 공중에 떠 있고 이쪽과 저쪽을 연결하는 모습이 서로 닮았다고 하여 '무지개'라는 원관념을 '하늘다리'에 빗대어 표현하고 있어요. 여기서 보조 관념은 '무지개'를 표현하기 위해 활용한 '하늘다리'가 되는 거예요. 이처럼 원관념과 보조 관념 사이에는 모양, 색깔, 성질 등의 공통점이 있어야 한답니다.

❷ 보조 관념

국순이는 어흥이의 생김새, 성질 등을 '솜사탕', '하늘', '포도송이', '레몬'에 빗대어 표현했어요. 어흥이에 대해 직접적으로 설명하지 않고 보조 관념을 사용함으로써 생생하게 나타낸 거죠.

 핵심 정리

원관념	보조 관념
• 원래 표현하고자 하는 대상 • 비유되는 대상	• 빗대기 위해 사용한 다른 대상 • 비유하는 대상

" 시적 대상을 직접 설명하기보다 다른 대상에 빗대어 표현할 때 구체적이고, 생생하게 느낄 수 있어.
'사과 같은 내 얼굴'에서 원관념인 '내 얼굴'과 보조 관념인 '사과' 사이에는 예쁘다는 공통점이 있지.
이처럼 원관념과 보조 관념은 연관성이 있어야 해! "

국서가 말하는 '갈대'는 어떤 표현 방법에 해당할까요?

난이도 ★★☆

늦은 밤까지 게임을 해서 학교에 지각한 국서. 게임의 유혹을 물리치기 위해 "난 꺾이지 않는 갈대가 될 거야!"라고 다짐하는데요. 국서가 말하는 '갈대'는 다음 중 어떤 표현 방법에 해당할까요?

단서
- 비유에서 원관념과 보조 관념은 일대일(1:1)의 관계이다.
- 상징에서 원관념과 보조 관념은 다대일(多:1)의 관계이다.

❶ 비유   ❷ 상징

비유

比 견줄 비
喩 깨달을 유

027

표현하고자 하는 대상을 다른 대상에 빗대어 표현하는 방법

비유는 원관념을 그것과 비슷한 보조 관념에 빗대어 표현하는 방법을 말해요.
이때 원관념과 보조 관념은 서로 연관성을 가진 일대일(1 : 1)의 관계라고 할 수
있어요.

> 나는 찬밥처럼 방에 담겨
> 아무리 천천히 숙제를 해도
> 엄마 안 오시네, 배춧잎 같은 발소리 타박타박
> 안 들리네, 어둡고 무서워
>
>   – 기형도, 〈엄마 걱정〉

위의 시에서 시적 화자는 어린 시절 속 '나'를 '찬밥'에 빗대어 표현하면서 외로
운 모습을 보여 주고 있어요. 이처럼 비유를 활용하면 시적 대상을 설명하는 것
보다 구체적이고 생생하게 전달할 수 있어요.

태양처럼
빛나는 나!

상징 象 徵
형상 상 부를 징

028

추상적인 대상을 구체적인 사물로 나타내는 방법

상징은 눈에 보이지 않는 생각이나 감정 등을 구체적인 형태로 나타내어 머릿속에 떠오르도록 하는 방법을 말해요. 어떤 대상을 표현하기 위해 다른 대상을 활용한다는 점에서는 비유와 비슷하지만, 상징은 원관념이 겉으로 드러나지 않아요. 이때 원관념이 다양한 의미로 해석되기 때문에 원관념과 보조 관념은 다대일(多 : 1)의 관계라고 할 수 있어요.

⑴ 아무도 그에게 수심을 일러 준 일이 없기에
흰 나비는 도무지 바다가 무섭지 않다.
‒ 김기림, 〈바다와 나비〉

⑵ 하늘 밑 푸른 바다가 가슴을 열고
흰 돛단배가 곱게 밀려서 오면
‒ 이육사, 〈청포도〉

위의 시에서 ‘바다’는 각각 다른 의미를 지니고 있어요. ⑴의 바다는 ‘가혹한 현실’, ⑵의 바다는 ‘희망과 이상의 세계’를 나타내죠. 이처럼 상징은 시인의 생각이 사물을 통해 간접적으로 전달되므로 작품의 전체적인 맥락 속에서 이해해야 해요.

정답 공개 **❶ 비유**

국서는 게임의 유혹에 빠지지 않는 자신을 '꺾이지 않는 갈대'에 빗대어 표현하고 있어요. 원관념과 보조 관념 모두 겉으로 드러나 일대일(1:1)의 관계를 형성하므로 비유를 사용한 거예요.

 **핵심 정리**

비유	상징
• 표현하고자 하는 대상을 다른 대상에 빗대어 표현하는 방법 • 원관념과 보조 관념은 일대일(1 : 1)의 관계	• 추상적인 대상을 구체적인 사물로 나타내는 방법 • 원관념과 보조 관념은 다대일(多 : 1)의 관계

66
　　비유와 상징 모두 어떤 대상을 다른 대상으로 나타낸다는 점에서는 동일하지만,
　　　비유와 달리 상징은 원관념이 겉으로 드러나지 않는다는 차이점이 있어.
　그래서 원관념이 다양하게 해석될 수 있기 때문에 작품 속에서 의미를 파악해야 해.
99

Y♥U쌤이 말하는 '해'는 어떤 상징에 해당할까요?

Q

난이도 ★★☆

캠핑을 떠난 Y♥U쌤과 아이들. 이른 아침 떠오르는 해를 보며 Y♥U쌤이 소원을 비는데요. Y♥U쌤이 말하는 '해'는 다음 중 어떤 상징에 해당할까요?

단서

- 관습적 상징은 특정 집단에서만 인정된다.

- 원형적 상징은 나라와 문화를 초월한다.

❶ 관습적 상징   ❷ 원형적 상징

관습적 상징

慣	習	的
버릇 관	익힐 습	과녁 적

029

특정 문화권 안에서 오랫동안 사용되면서 의미가 굳어진 상징

관습적 상징은 특정 집단에서 오랜 세월 동안 사용하면서 그 의미가 고정된 상
징을 말해요. 예를 들어 '비둘기' 하면 '평화'를 떠올리는 것과 같죠. 특히, 고전
시가에서는 이러한 관습적 상징이 자주 사용되는 편이에요.

> 나무도 아닌 것이, 풀도 아닌 것이
> 곧기는 뉘 시기며, 속은 어이 비었는다.
> 저렇게 사시에 푸르니 그를 좋아하노라.
> – 윤선도, 〈오우가〉

위의 시조에서는 '대나무'의 곧고 푸름을 예찬*하고 있어요. 사계절 내내 곧고
푸르다는 특징 때문에 우리나라에서 대나무는 지조와 절개*를 나타내는 관습
적 상징으로 활용되고 있어요.

*예찬(禮 예도 예 讚 기릴 찬) : 무엇이 훌륭하거나 좋거나 아름답다고 기리고 드러냄.
*절개(節 마디 절 槪 대개 개) : 신념 따위를 굽히지 않고 굳게 지키는 꿋꿋한 태도

원형적 상징

原 근원 원　型 거푸집 형　的 과녁 적

030

인간의 무의식 속에서 보편적인 의미로 인식된 상징

원형적 상징은 나라와 문화를 초월하여 모든 사람에게 유사한 정서나 의미를 불러일으키는 상징을 말해요. 예를 들어 '불' 하면 누구나 밝음을 떠올리는 것과 같죠.

> 우리가 물이 되어 만난다면
> 가문 어느 집에선들 좋아하지 않으랴
> – 강은교, 〈우리가 물이 되어〉

위의 시에서 '물'은 생명력을 상징해요. 이때 물은 인류 오랜 역사 속에서 탄생, 정화* 등 보편적인 의미를 공유*하므로 원형적 상징에 해당한다고 볼 수 있어요.

***정화**(淨 깨끗할 정 化 될 화): 불순하거나 더러운 것을 깨끗하게 함.
***공유**(共 함께 공 有 있을 유): 두 사람 이상이 한 물건을 공동으로 소유함.

정답 공개 **❷** 원형적 상징

Y♥U쌤이 말하는 '해'는 희망을 상징해요. 해는 예로부터 탄생, 창조와 같이 나라와 문화에 상관없이 모든 인간에게 긍정적인 정서를 불러일으키므로 원형적 상징에 해당한다고 볼 수 있어요.

 **핵심 정리**

관습적 상징	원형적 상징
• 특정 문화권 안에서 오랫동안 사용되면서 의미가 굳어진 상징 • 고전 시가에서 자주 등장함. • 기독교 문화권의 '비둘기' = 평화, 서양 문화권의 '네잎클로버' = 행운, 동양 문화권의 '소나무' = 절개, 서양 문화권의 '반지' = 약속	• 인간의 무의식 속에서 보편적인 의미로 인식된 상징 • 나라와 문화를 초월함. • 물 = 생명력, 흑 = 공포, 불 = 정열, 땅 = 풍요

❝ 특정 집단의 사람들이 오랜 세월 동안 사용하면서 보편성을 얻게 되었다면 관습적 상징!
나라와 문화에 상관없이 모든 인간에게 유사한 정서나 의미를 불러일으킨다면 원형적 상징!
관습이 한 공동체에서 인정되는 질서나 풍습이라는 것을 기억하면 쉽게 구분할 수 있겠지? ❞

Y♥U쌤이 한 말은 어떤 비유법에 해당할까요?

Q

난이도 ★☆☆

국순이가 Y♥U쌤의 인강을 듣고 있어요. 열심히 수업을 듣는 국순이를 응원하며 Y♥U쌤이 명언을 남기는데요. Y♥U쌤이 한 말은 다음 중 어떤 비유법에 해당할까요?

단서

• 직유법은 '- 같이', '- 처럼', '- 듯이'와 같은 연결어가 사용된다.

• 은유법은 주로 'A는 B(이다)'와 같이 연결어 없이 표현된다.

❶ 직유법   ❷ 은유법

직유법 直 喻 法

곧을 직　깨달을 유　법 법

031

표현하고자 하는 대상과 빗대는 대상을 직접 연결하여 표현하는 방법

표현하고자 하는 대상(원관념)을 다른 대상(보조 관념)에 빗대어 표현하는 방법을 비유법이라고 했죠? 비유법 중에서도 비슷한 성질이나 모양을 가진 두 사물을 '- 같이', '- 처럼', '- 듯이', '- 인 듯', '- 인 양'과 같은 연결어로 직접 견주어서 표현하면 직유법이에요.

> 나는 온몸에 햇살을 받고
> 푸른 하늘 푸른 들이 맞붙은 곳으로
> 가르마 같은 논길을 따라
>
> — 이상화, 〈빼앗긴 들에도 봄은 오는가〉

위의 시에서는 '논길'을 '가르마'에 빗대어 표현하고 있는데, '같은'이라는 말을 사용하고 있죠? 원관념과 보조 관념을 연결어를 통해 직접적으로 연결하고 있으므로 직유법이 사용되었다고 볼 수 있어요.

은유법

隱 喩 法
숨을 은 깨달을 유 법 법

032

표현하고자 하는 대상과 빗대는 대상을 은근히 견주어 표현하는 방법

주로 'A는 B(이다)'와 같은 형태로 원관념과 보조 관념이 마치 동일한 것처럼 바로 연결되면 은유법이에요. 단, 원관념과 보조 관념 사이에는 연결어가 없어야 해요.

> 나는 나룻배
> 당신은 행인
> – 한용운, 〈나룻배와 행인〉

위의 시에서는 '나', '당신'을 각각 '나룻배', '행인'으로 빗대어 표현하고 있어요. 원관념과 보조 관념을 연결어 없이 은근히 빗대어 표현하고 있으므로 은유법이 사용되었다고 볼 수 있어요.

정답 공개 ❷ 은유법

밑줄 친 문장은 'A는 B이다'의 형태로, 원관념인 '인생'과 보조 관념인 '곱셈'을 은근히 견주어서 표현하고 있어요. 연결어 없이 두 대상을 바로 연결하므로 은유법에 해당한답니다.

 **핵심 정리**

직유법	은유법
• 원관념과 보조 관념을 직접 연결하여 표현하는 방법 • '-같이', '-처럼', '-듯이', '-인 듯', '-인 양'과 같은 연결어를 사용함.	• 원관념과 보조 관념을 은근히 견주어 표현하는 방법 • 연결어 없이 주로 'A는 B(이다)'의 형태로 나타남.

❝ 비슷한 모양이나 색깔, 성질을 가진 두 대상을 직접 연결하여 비유한다면 직유법!
보조 관념을 끌어다 원관념을 은근히 견주어 비유한다면 은유법! 이때
은유법은 'A는 B' 외에도 'B인 A'와 같은 꼴이거나 원관념이 생략되는 경우도 있어. ❞

오늘 하루 동안 국준이가 쓴 비유법은 몇 번일까요?

Q   난이도 ★☆☆

국준이는 오늘 하루 동안 있었던 일을 그림으로 표현했어요. 이때 국준이가 사용한 비유법은 몇 번일까요?

단서	• 비유법의 종류에는 직유법, 은유법, 의인법, 활유법 등이 있다.
	• 의인법은 사람이 아닌 것을 사람처럼 표현하며, 활유법은 무생물을 생물처럼 표현한다.

❶ 1번   ❷ 2번   ❸ 3번   ❹ 4번

의인법

擬	人	法
비길 의	사람 인	법 법

033

사람이 아닌 것을 사람처럼 표현하는 방법

의인법은 사람이 아닌 것에 인격*을 부여하여 사람처럼 표현하는 방법을 말해
요. 동식물, 사물 등이 사람처럼 생각하고 느끼고 행동하는 것같이 표현하는
거죠. 그래서 의인법을 사용하면 시적 대상을 더 재미있고 친근하게 느낄 수 있
어요.

> 풀은 눕고
> 드디어 울었다
>   – 김수영, 〈풀〉

위의 시에서 '풀'은 사람이 아니지만 사람처럼 '울었다'라고 표현되어 있죠? 이러
한 표현 방법이 의인법에 해당해요. 사람이 아닌 대상을 가리킬 때 '너', '우리'와
같이 이름을 대신 나타내는 단어를 사용하는 것도 의인법으로 볼 수 있어요.

*인격(人 사람 인 格 격식 격) : 사람으로서의 품격

활유법

活 살 활 **喻** 깨우칠 유 **法** 법 법

034

무생물을 생물처럼 표현하는 방법

활유법은 돌, 물, 흙 같이 생명이 없는 것을 살아 있는 것처럼 표현하는 방법을 말해요. 예를 들어 '으르렁대는 천둥'이라는 표현에서 '천둥'이라는 무생물을 세차게 울부짖는 생물같이 표현하는 거죠. 그래서 활유법을 사용하면 시적 대상을 더 생생하게 느낄 수 있어요.

> 어둠은 새를 낳고, 돌을
> 낳고, 꽃을 낳는다.
> – 박남수, 〈아침 이미지1〉

위의 시에서 '어둠'은 생물이 아니지만 '새', '돌', '꽃'을 낳을 수 있는 생물인 것처럼 표현되어 있죠? 무언가를 낳는 행위는 사람뿐만 아니라 동물도 할 수 있으므로 이러한 표현 방법을 활유법으로 볼 수 있어요.

❸ 3번

국준이는 등굣길에 본 '꽃'을 '사람'처럼 웃는다고 표현하며 의인법을 사용했어요. 그리고 국주를 짝사랑하는 모습을 친구가 놀릴 때 은유법으로 '마음'을 '호수'에 빗댔죠. 수업 시간에는 활유법을 통해 무생물인 '천둥'이 생물처럼 '으르렁댄다'고 표현했어요. 점심을 먹으며 한 말은 직접적인 표현에 해당하므로 총 3번의 비유법을 썼다고 볼 수 있어요.

 핵심 정리

의인법	활유법
• 사람이 아닌 것을 사람처럼 표현하는 방법 • 시적 대상에게 친근감과 재미를 느낄 수 있음.	• 무생물을 생물처럼 표현하는 방법 • 시적 대상에게 생동감을 느낄 수 있음.

❝ 동물이나 무생물에 인격을 부여하여 사람처럼 표현한다면 의인법!
생명이 없는 것을 살아 있는 것처럼 표현한다면 활유법! 이때
의인법은 '사람만의 특성'이 드러나야 한다는 점을 꼭 기억해. ❞

'백의의 천사'는 어떤 비유법에 해당할까요?

Q

난이도 ★★☆

국순이와 국주가 장래 희망에 대해 이야기하고 있어요. 국순이의 장래 희망인 '백의의 천사'는 다음 중 어떤 비유법에 해당할까요?

단서

• 대유법은 사물의 한 부분이나 특징으로 전체를 나타낸다.

• 풍유법은 속담이나 격언 등을 통해 숨겨진 뜻을 돌려 표현한다.

❶ 대유법　　　　　❷ 풍유법

대유법

代	喩	法
대신할 대	깨달을 유	법 법

035

사물의 일부분이나 특징을 들어 그 자체나 전체를 나타내는 방법

대유법은 표현하고자 하는 대상을 직접 드러내진 않지만 사물의 한 부분이나 특징으로 그 자체나 전체를 대신 나타내는 방법을 말해요. 예를 들어 라면을 가리키며 '밥 먹자'라고 할 때 '밥'이 단순히 쌀로 만든 음식을 의미할까요? 여기서 밥은 끼니때 먹는 음식 전체를 나타내요.

> 껍데기는 가라.
> 한라에서 백두까지
> 향그러운 흙가슴만 남고
> – 신동엽, 〈껍데기는 가라〉

위의 시에서는 '한라에서 백두'라는 국토*의 일부를 가지고 우리나라 전체인 한반도를 나타내고 있으므로 대유법이 사용되었어요.

*국토(國 나라 국 土 흙 토) : 한 나라의 땅으로 통치권이 미치는 지역

풍유법

諷	諭	法
풍자할 풍	깨우칠 유	법 법

036

속담이나 격언 등을 사용하여 숨겨진 뜻을 나타내는 방법

풍유법은 본뜻을 숨기고 속담이나 격언 등으로 간접적으로 드러내는 방법을 말해요. 예를 들어 엄마와 동생에 대해 이야기하고 있는데 갑자기 동생이 나타날 때 '호랑이도 제 말 하면 온다'라는 속담을 쓰는 것과 같죠.

> 낮말은 쥐가 듣고 밤말은 새가 들으니
> 입이 열이라서 할 말이 많구나
>
> — 정희성, 〈물구나무 서기〉

위의 시에서는 '낮말은 새가 듣고 밤말은 쥐가 듣는다'라는 속담을 비틀어 사용하여 시적 화자가 처해 있는 현실을 나타내고 있으므로 풍유법이 사용되었어요. 격언은 인생에 대한 교훈이나 가르침을 간결하게 표현한 글귀예요. 시간을 귀하게 써야 한다는 '시간은 금이다', 책에서 지혜를 찾을 수 있다는 '책 속에 길이 있다' 등이 풍유법이 사용된 예에 해당해요.

❶ 대유법

'백의(白衣)의 천사'는 간호사를 가리키는 표현이에요. 이름을 직접 드러내진 않지만, 하얀 옷을 입고 천사처럼 환자를 돌보는 모습을 통해 간호사를 나타내고 있으므로 대유법이 사용되었다고 볼 수 있어요.

핵심 정리

대유법	풍유법
• 사물의 일부분이나 특징을 통해 그 자체나 전체를 나타내는 방법 • 밥 → 음식, 한라에서 백두까지 → 우리나라	• 속담이나 격언 등을 통해 숨겨진 뜻을 나타내는 방법 • 시간은 금이다 → 시간의 가치, 책 속에 길이 있다 → 독서의 가치

> 표현하고자 하는 대상의 한 부분이나 특징을 들어 그 자체나 전체를 표현한다면 대유법!
> 속담, 격언 등을 인용하여 상황을 빗대어 표현한다면 풍유법!
> 대유법과 풍유법이 사용될 때는 일반적으로 원관념이 직접 나타나지 않는다는 사실~

국순이가 사용한 속담은 어떤 표현 방법에 해당할까요?

Q

난이도 ★★☆

이번 달 학교 신문에 국순이가 실리게 되었어요. 기자의 질문에 국순이가 속담으로 대답하는데요. 국순이가 사용한 속담은 다음 중 어떤 표현 방법에 해당할까요?

단서

• 대구법은 짜임이 비슷한 문장을 짝지어서 표현하는 방법이다.

• 대조법은 의미가 서로 반대되는 대상이나 내용을 내세워 표현하는 방법이다.

• 여러 가지 표현 방법을 사용하여 문장에 변화를 주거나 의미를 강조할 수 있다.

❶ 대구법   **❷ 대조법**

대구법 對句法

대답할 대 / 구절 구 / 법 법

037

비슷한 형식을 가진 두 구절을 나란히 짝지어 표현하는 방법

대구법은 형식이 비슷한 앞 문장과 뒤 문장이 서로 짝을 이루도록 구성하는 표현 방법을 말해요. 비슷한 문장 구조가 반복되니 자연스럽게 운율이 생기고 안정감을 느낄 수 있어요.

> 눈길 비었거든 바람 담을지네.
> 바람 비었거든 인정 담을지네.
> — 신동엽, 〈산에 언덕에〉

위의 시는 '−비었거든 −담을지네'라는 문장 구조를 반복하고 있어요. 이처럼 대구법을 사용하면 연속된 두 구절이 대칭*되기 때문에 운율을 형성하거나 의미를 강조할 수 있어요.

*대칭(對 대할 대 稱 일컬을 칭) : 사물들이 서로 동일한 모습으로 마주 보며 짝을 이루고 있는 상태

대조법

對	照	法
대답할 대	비출 조	법 법

038

반대되는 두 대상이나 내용을 맞대어 표현하는 방법

대조법은 긴 것과 짧은 것, 넓은 것과 좁은 것, 강한 것과 약한 것 등 서로 차이가 있는 두 대상이나 내용을 제시하는 표현 방법을 말해요. 대구법이 의미와 상관없이 문장의 짜임이 비슷하다면 대조법은 의미가 서로 반대되어야 해요.

> 까마귀 검다 하고 백로야 웃지 마라.
> 겉이 검은들 속조차 검겠느냐?
> 겉 희고 속 검은 이는 너뿐인가 하노라.
> — 이직, 〈까마귀 검다 하고〉

위의 시는 겉은 까맣지만 속은 그렇지 않은 '까마귀'와 겉은 하얗지만 속은 검은 '백로'를 대조하여 겉과 속이 다른 사람을 비판하고 있어요. 이처럼 대조법을 사용하면 두 대상의 차이를 확실하게 드러내거나 어느 한쪽을 더 강조할 수 있어요.

정답 공개 **❶ 대구법**

국순이가 사용한 속담은 '- 심은 데 - 나다'라는 문장 구조가 반복되며 운율과 안정감을 형성하고 있어요. 의미와 상관없이 문장의 짜임만 비슷할 뿐이므로 대구법을 사용했다고 볼 수 있어요.

대구법	대조법
• 비슷한 형식을 가진 두 구절을 나란히 짝지어 표현하는 방법 • 의미와 상관없이 문장의 짜임이 비슷함. • 운율을 형성하거나 의미를 강조할 수 있음.	• 반대되는 두 대상이나 내용을 맞대어 표현하는 방법 • 의미가 상반됨. • 두 대상 간 차이를 드러내거나 어느 한쪽을 더 강조할 수 있음.

❝ 비슷한 문장 구조를 가진 두 구절을 나란히 배열하여 문장에 변화를 준다면 대구법!
서로 다른 두 대상이나 내용을 제시하여 차이를 보여 준다면 대조법!
하지만 '인생은 짧고, 예술은 길다'와 같이 대구법과 대조법이 함께 나타나는 경우도 있어. ❞

Y♥U쌤이 한 말은 어떤 표현 방법에 해당할까요?

Q

난이도 ★★☆

수업을 끝낸 Y♥U쌤이 국순이와 친구들에게 숙제를 냈어요. Y♥U쌤의 말을 통해 알 수 있는 표현 방법은 다음 중 무엇일까요?

단서
- 설의법은 대답이 겉으로 드러나지 않지만, 문답법은 질문과 대답이 함께 나타난다.
- Y♥U쌤은 자신이 던진 질문에 스스로 답하고 있다.

❶ 설의법   ❷ 문답법

설의법

設	疑	法
베풀 설	의심할 의	법 법

039

말하고자 하는 바를 답이 정해져 있는 질문 형식으로 표현하는 방법

설의법은 누구나 다 아는 사실을 묻고 독자가 직접 답을 얻도록 하는 표현 방법을 말해요. 얼핏 질문처럼 보이지만 정말 답이 궁금해서 묻는 건 아니에요.

> 가난하다고 해서 사랑을 모르겠는가
> — 신경림, 〈가난한 사랑 노래〉

위의 시는 질문 형식을 띠고 있지만 '가난해도 사랑을 안다'라는 내용을 암시*하고 있죠. 이처럼 설의법은 하고자 하는 말을 일부러 질문으로 표현함으로써 글에 변화를 주고, 의미도 강조해요.

*암시(暗 어두울 암 示 보일 시) : 넌지시 알림.

문답법

問	答	法
물을 문	대답할 답	법 법

040

묻고 답하는 형식으로 표현하는 방법

문답법은 '질문 – 대답' 형식으로 나타나며, 시적 화자가 묻고 스스로 답하는 '자문자답(自問自答)'까지 포함하는 표현 방법을 말해요. 질문만 던지는 설의법과 달리 문답법은 곧바로 대답이 겉으로 드러나요.

> 아이야, 무릉*이 어디냐, 나는 여긴가 하노라.
> – 조식, 〈두류산 양단수를〉

위의 시에서 '무릉이 어디냐'라는 물음에 스스로 '여기다'라고 답하고 있죠? 이처럼 문답법은 시적 화자가 질문과 대답을 모두 말함으로써 표현에 단조로움을 피하고, 의미도 강조해요.

*무릉(武 호반 무 陵 언덕 릉) : 이 세상이 아닌 것처럼 아름다운 곳

나 멋있니?
당연하지!

문답법의 조건

① 질문+대답 형식

② 자문자답 포함

정답 공개 **❷ 문답법**

Y♥U쌤은 어떤 숙제를 낼까 고민을 하다 아이들에게 질문을 던졌어요. 그러나 곧바로 대답까지 했죠. 즉, 자문자답으로 표현했기 때문에 문답법을 사용한 거예요.

핵심 정리

설의법	문답법
• 말하고자 하는 바를 답이 정해져 있는 질문 형식으로 표현하는 방법 • 독자가 스스로 답을 얻게 함.	• 묻고 답하는 형식으로 표현하는 방법 • 자문자답(自問自答)이 대표적임.
• 표현에 변화를 주고, 의미도 강조할 수 있음.	

누구나 다 아는 사실이지만 독자가 스스로 판단하도록 질문을 던지면 설의법!
질문과 대답이 함께 제시된다면 문답법! 이때 문답법은 스스로 묻고
답하는 형태만이 아니라 서로 다른 사람이 주고받는 경우도 있어.

시험을 준비하는 국순이의 자세는 어떤 표현 방법과 닮았을까요?

Q   난이도 ★★☆

단원평가를 앞둔 국순이가 열공 모드에 돌입했어요. 시험을 준비하는 국순이의 자세
는 다음 중 어떤 표현 방법과 닮았을까요?

단서	• 점층법은 느낌이 더 커지고 강렬해지는 표현 방법이다.
	• 점강법은 느낌이 더 작아지고 약해지는 표현 방법이다.
	• 국순이의 말과 주변 환경에 주목하자.

❶ 점층법   ❷ 점강법

점층법

漸	層	法
차차 점	층 층	법 법

041

표현하고자 하는 내용을 점점 크거나 깊게, 강하게 나타내는 방법

점층법은 계단을 한 층 한 층 올라가는 것처럼 시어나 시구를 보태어, 말하고자 하는 내용을 점점 확대하는 표현 방법을 말해요. 작은 것에서 큰 것으로, 얕은 것에서 깊은 것으로, 약한 것에서 강한 것으로 내용의 비중*이나 강도*를 높여 시적 화자의 정서나 시적 상황을 강조할 수 있어요.

> 눈은 살아 있다
> 떨어진 눈은 살아 있다
> 마당 위에 떨어진 눈은 살아 있다
> — 김수영, 〈눈〉

위의 시에서는 '눈' → '떨어진 눈' → '마당 위에 떨어진 눈'으로 표현함으로써 눈을 꾸며 주는 말을 더하고 있어요. 이를 통해 눈의 생명력을 강조하는 거예요.

*비중(比 견줄 비 重 중요할 중) : 다른 것과 비교할 때 차지하는 중요도
*강도(強 강할 강 度 법도 도) : 센 정도

점층법

점강법

漸	降	法
차차 점	내릴 강	법 법

042

표현하고자 하는 내용을 점점 작거나 얕게, 약하게 나타내는 방법

점강법은 점층법과는 반대로 말하고자 하는 내용을 점점 축소하는 표현 방법을 말해요. 점층법과 점강법 모두 시적 대상을 효과적으로 드러내기 위한 강조법*의 하나예요.

> 천하를 태평히 하려거든 먼저 그 나라를 다스리고,
> 나라를 다스리려면 그 집을 바로잡으며,
> 그 집을 바로잡으려 하면 그 몸을 닦을지니라.
> — 증자, 〈대학〉

위의 작품에서는 '천하' → '나라' → '집' → '몸' 순으로 내용의 비중이나 강도가 낮아지고 있어요. 이를 통해 모든 일에는 순서가 있으며, 큰일을 하기 위해선 작은 일부터 실천해야 한다는 점을 강조하는 거예요.

*강조법(強 강할 강 調 고를 조 法 법 법) : 어떤 부분을 특별히 강하게 주장하거나 두드러지게 나타내는 표현 방법

정답 공개 ❶ 점층법

국순이는 '3권<7권<20권'으로 공부량을 점점 늘리고 있어요. 이를 통해 시험을 잘 보고 싶어 하는 국순이의 바람이 강하다는 것을 알 수 있죠. 따라서 점층법을 사용한 거예요.

 **핵심 정리**

점층법	점강법

• 표현하고자 하는 내용을 점점 크거나 깊게, 강하게 나타내는 방법
• 작은 것 → 큰 것
  얕은 것 → 깊은 것
  약한 것 → 강한 것
	• 표현하고자 하는 내용을 점점 작거나 얕게, 약하게 나타내는 방법
	• 큰 것 → 작은 것
	  깊은 것 → 얕은 것
	  강한 것 → 약한 것

• 시적 화자의 정서, 시적 대상, 시적 상황을 강조함.	

❝ 비중이나 강도가 점점 커지고 있다면 점층법!
비중이나 강도가 점점 작아지고 있다면 점강법!
둘 다 표현하고자 하는 내용을 강조할 때 사용한다는 점에 주목하자. ❞

Y♥U쌤의 위로는 어떤 표현 방법에 해당할까요?

Q

난이도 ★★☆

어리다고 무시하는 국주와 국준이 때문에 속상한 국서. Y♥U쌤이 국서를 위로하며 한 말은 다음 중 어떤 표현 방법에 해당할까요?

단서

• 속마음과 정반대로 이야기하면 반어법이다.

• 얼핏 보기에 잘못된 표현 같지만 그 안에 진실이 담겨 있으면 역설법이다.

① 반어법   ② 역설법

반어법 反語法

돌이킬 반 | 말씀 어 | 법 법

043

말하고자 하는 바와 반대로 나타내는 표현 방법

반어법은 실제 상황이나 의도와 반대로 말하여 의미를 강조하는 표현 방법을 말해요. 예를 들어 내가 실수했을 때 그걸 지켜보던 친구가 나에게 '잘한다.'라고 한다면 반어적으로 표현한 거죠. 겉으로 드러난 건 칭찬이지만 사실은 나무라기 위해 한 말이니까요.

> 먼 훗날 당신이 찾으시면
> 그때에 내 말이 '잊었노라.'
>   – 김소월, 〈먼 후일〉

위의 시는 언젠가 임과 만나게 된 시적 화자가 '잊었노라'라고 말하지만 결코 잊을 수 없으리라는 시적 화자의 마음을 보여 주고 있어요. 이처럼 반어법은 겉으로 드러난 표현과 그 속에 담긴 뜻이 정반대이므로 독자에게 신선함을 불러일으켜 직접 말했을 때보다 의미를 강조할 수 있어요.

역설법

逆	說	法
거스를 역	말씀 설	법 법

044

겉으로 보기에 논리적으로 맞지 않지만, 그 안에 진실을 드러내는 표현 방법

역설법은 얼핏 보기에 말이 안 되는 것 같지만 의미를 따져 보면 진실이 담긴 표현 방법을 말해요. 예를 들어 숙제를 서둘러 끝내고 싶은 마음에 자꾸만 실수하는 친구에게 '빨리 도착하려면 천천히 가야 해.'라고 한다면 역설적으로 표현한 거죠. 말의 앞뒤가 맞지 않아 잘못된 표현 같지만 사실은 차근차근 해 나가면 오히려 숙제를 빨리 끝낼 수 있다는 진실을 담고 있으니까요.

> 아아, 님은 갔지마는 나는 님을 보내지 아니하였습니다.
> – 한용운, 〈님의 침묵〉

위의 시는 임과 이별했지만 영원한 사랑을 맹세하는 시적 화자의 마음을 보여 주고 있어요. 이처럼 역설법은 겉으로 드러난 표현이 서로 모순*되지만 깊이 생각해 보면 진실을 느낄 수 있으므로 시인이 전달하고자 하는 의미나 정서를 강조할 수 있어요.

*모순(矛 창 모 盾 방패 순) : 어떤 사실의 앞뒤, 또는 두 사실이 이치상 어긋나서 서로 맞지 않음.

❷ 역설법

Y♥U쌤의 말은 겉으로 보기에 논리적으로 맞지 않는 표현이에요. 하지만 너그러운 마음으로 상대를 대하면 내 마음의 평화도 가져올 수 있다는 뜻이 숨어 있죠. 따라서 말속에 진실이 담겨 있으므로 역설법이 사용된 거예요.

 **핵심 정리**

반어법	역설법
• 말하고자 하는 바와 반대로 나타내는 표현 방법 • 겉으로 드러난 표현 ↔ 속에 담긴 뜻	• 겉으로 보기에 논리적으로 맞지 않지만, 진실을 드러내는 표현 방법 • 겉으로 드러난 표현 = 모순, 속에 담긴 뜻 = 진실
• 시적 화자의 정서, 전달하고자 하는 의미를 강조함.	

> 겉으로 드러난 표현에 모순된 내용이 있느냐, 없느냐에 따라 반어법과 역설법을 구분하지.
> 시적 화자의 속마음과 표현이 반대된다면 반어법!
> 이치에 어긋나서 말이 되지 않지만, 숨겨진 진실이 있다면 역설법!
> 점층법, 점강법과 마찬가지로 의미를 강조할 때 쓴다는 공통점이 있어.

Y♥U쌤이 낸 퀴즈의 정답은 무엇일까요?

Q

난이도 ★★☆

Y♥U쌤은 줌 강의를 듣는 국순이와 국서에게 깜짝 퀴즈를 냈어요. Y♥U쌤이 낸 문제의 정답은 무엇일까요?

단서	• 시인은 자신의 생각, 감정을 효과적으로 전달하기 위해 시상 전개 방식을 사용한다.
	• 시간의 흐름과 공간의 이동은 시상 전개 방식에 속한다.
	• 시간의 흐름은 시간의 변화, 공간의 이동은 장소에 따라 시상을 전개하는 방식이다.

❶ 시간의 흐름   ❷ 공간의 이동

시간의 흐름

시간의 변화에 따라 시인의 생각이나 감정을 전개하는 방식

시에 담긴 시인의 생각이나 감정을 '시상(詩想)'이라고 하고, 이러한 시상을 써 내려가는 방법을 '시상 전개 방식'이라고 말해요. 시간의 흐름은 시간의 변화에 따라 시상을 전개하는 방식이에요. 하루 동안 시간의 변화(아침 → 점심 → 저녁), 계절의 변화(봄 → 여름 → 가을 → 겨울), 세월의 변화(과거 → 현재 → 미래), 시간의 순서를 뒤집은 전개(현재 → 과거) 등이 있어요.

> 여름이면 뻐꾸기 노랫소리
> 개구리 우는 소리
> 어디서나 똑같다
>
> 가을에는 황금빛 물결 남쪽으로
> 남쪽으로 퍼져 내려온다
> — 김광규, 〈동서남북〉

위의 시는 여름에서 가을로 이어지는 계절의 변화를 보여 주므로 시간의 흐름에 따라 시상을 전개한 거예요.

공간의 이동

046

공간의 변화에 따라 시인의 생각이나 감정을 전개하는 방식

공간의 이동은 시적 화자가 위치하고 있는 공간의 변화에 따라 시상을 전개하는 방식이에요. 이때 시적 화자가 머무는 장소를 중심으로 전개하는 '공간의 이동'과 시적 화자가 바라보는 '시선의 이동'은 서로 구분되어야 해요. 시선의 이동은 시적 대상의 변화에 따라 먼 곳에서 가까운 곳, 아래에서 위 등이 있어요.

> 쇠전을 거쳐 도수장 앞에 와 돌 때
> 우리는 점점 신명이 난다
> – 신경림, 〈농무〉

위의 시는 소를 사고파는 쇠전에서 가축을 잡는 도수장으로 이동하며 공간의 변화를 잘 보여 주므로 공간의 이동에 따라 시상을 전개한 거예요.

정답 공개 ❶ 시간의 흐름

해당 시에서 시적 화자는 정월, 이월 보름과 같은 달의 변화를 통해 외로운 신세를 한탄하고 임의 훌륭함을 칭찬하고 있어요. 즉, 시간의 변화에 따라 시상을 전개한 거예요.

시간의 흐름	공간의 이동
• 시간의 변화에 따라 시인의 생각이나 감정을 전개하는 방식 • 하루 동안 시간의 변화(아침 → 점심 → 저녁), 계절의 변화(봄 → 여름 → 가을 → 겨울), 세월의 변화(과거 → 현재 → 미래), 시간의 순서를 뒤집은 전개(현재 → 과거) 등이 있음.	• 공간의 변화에 따라 시인의 생각이나 감정을 전개하는 방식 • 시적 화자의 위치 이동과 시선의 이동을 구분함.

❝ 시인은 자신의 생각이나 감정을 효과적으로 전달하기 위해 다양한 시상 전개 방식을 사용해.
시 속에서 무엇이 변하는지에 주목하면 시상 전개 방식을 쉽게 찾을 수 있어.
시간이 변한다면 시간의 이동이야.
시적 화자나 시적 대상이 있는 장소가 바뀐다면 공간의 이동이지. ❞

국서가 말한 잎새는 어떤 대상에 해당할까요?

Q

난이도 ★★★

학교가 끝난 뒤 집으로 돌아가는 국순이와 친구들. 떨어지는 나뭇잎을 보던 국서가 "낙하산을 멘 잎새가 슬프게 떨어지네."라고 말하네요. 국서가 말한 잎새는 다음 중 어떤 대상에 해당할까요?

단서

• 객관적 상관물은 시적 화자의 감정을 불러일으키는 모든 대상이다.

• 감정이입물은 시적 화자의 감정과 동일시되는 대상이다.

• 잎새는 감정을 느낄 수 없는 무생물이다.

❶ 객관적 상관물   ❷ 감정이입물

객관적 상관물

客 觀 的 相 關 047
손 객 / 볼 관 / 과녁 적 / 서로 상 / 관계할 관

시적 화자의 감정을 드러낼 때 활용되는 모든 대상

시에서는 시적 화자의 감정을 직접 말하지 않고 구체적인 사물을 통해 나타내기도 해요. 예를 들어 사랑하는 사람과 이별한 상황에서 시적 화자가 '나는 슬프다.'라고 말할 수도 있지만, '창밖에 겨울비가 추적추적 내린다.'라고 표현할 수도 있죠. 겨울비가 내리는 풍경을 서술하여 시적 화자의 슬픔을 드러내므로 이때 '겨울비'는 객관적 상관물이 되는 거예요.

> 여보소, 공중에
> 저 기러기
> 공중엔 길 있어서 잘 가는가?
> – 김소월, 〈길〉

위의 시에서 '기러기'는 갈 곳이 없어 막막한 시적 화자의 처지와 대비*되는 존재예요. 기러기는 시적 화자의 외로움을 깊어지게 만드는 객관적 상관물이 되는 거죠. 이처럼 객관적 상관물은 시적 화자와 대조적인 상황에서 감정을 자극하거나 시적 화자의 감정을 대신 표현하기도 한답니다.

*대비(對 대답할 대 比 견줄 비) : 두 가지의 차이를 밝히기 위하여 서로 맞대어 비교함.

감정이입물

感	情	移	入	048
느낄 감	뜻 정	옮길 이	들 입	

시적 화자와 동일한 감정을 느끼는 대상

시적 화자의 감정을 다른 대상이 똑같이 느끼는 것처럼 표현하는 방법을 '감정이입'이라고 하고, 시적 화자의 감정이 담겨 동일시되는 대상을 감정이입물이라고 말해요. 우리가 기분이 좋을 때 바람에 흔들리는 나뭇가지를 보면 신이 나서 춤추는 것처럼 느껴질 때가 있죠? 이 풍경을 '신나서 춤추는 나뭇가지'라고 표현한다면 '나뭇가지'는 감정이입물이 되는 거예요.

> 이 비 그치면
> 내 마음 강나루 긴 언덕에
> 서러운 풀빛이 짙어 오것다.
>   – 이수복, 〈봄비〉

위의 시에서 '풀빛'은 서러움을 느낄 수 없는 존재이므로 시적 화자의 감정을 풀빛에 이입한 것으로 볼 수 있어요. 풀빛은 시적 화자의 서러움을 표현하는 감정이입물이 되는 거죠. 이처럼 감정이입물은 객관적 상관물 중에서도 시적 화자의 감정을 옮겨 넣어 서로 동일시된답니다.

❷ 감정이입물

국서는 시험을 망쳐서 우울한 감정을 직접 드러내지 않고 '잎새'를 통해 나타냈어요. 자신의 감정을 대신 표현하는 대상으로 잎새를 활용한 거죠. 하지만 감정을 느낄 수 없는 잎새가 슬프게 떨어진다는 표현은 국서의 감정이 담겨 동일시되었다고 볼 수 있어요.

 핵심 정리

객관적 상관물		
• 시적 화자의 감정을 드러낼 때 활용되는 모든 대상		
• 시적 화자의 감정을 대신 표현하는 사물	• 시적 화자와 대조적인 상황에서 감정을 자극하는 사물	• 시적 화자의 감정을 옮겨 넣어 서로 동일시되는 사물 = 감정이입물

❝ 시인은 자신의 감정을 표현하기 위해 시적 대상을 선택해.
객관적 상관물은 시적 화자의 감정을 간접적으로 드러낼 때 사용되는 구체적 사물이야.
감정이입물은 객관적 상관물 중에서도 시적 화자와 동일한 감정을 느끼는 사물이지.
특히, 사물에 시적 화자의 마음이 담긴다는 점에서 의인법이나 활유법이 자주 나타나는 편이야. ❞

국순이가 쓴 글은 어떤 시조와 닮았을까요?

Q

난이도 ★★★

급식이 마음에 들지 않는 국순이는 학교에 건의하는 글을 써 보았어요. 국순이가 쓴 글은 다음 중 어떤 시조와 닮았을까요?

단서
- 시조는 초장, 중장, 종장 총 3장으로 이루어져 있다.
- 평시조는 가장 기본적인 형식의 시조이다.
- 사설시조는 초장, 중장, 종장 중 어느 일부가 길어진 시조이다.

❶ 평시조　　　　　　　　　　❷ 사설시조

평시조

平 평평할 평   時 때 시   調 고를 조

049

3장, 6구, 45자 내외의 가장 기본적인 시조의 형식

'시조'라고 하면 일반적으로 길이가 비슷한 세 줄로 이루어진 형태를 떠올릴 거예요. 이처럼 가장 기본적인 형식의 시조를 평시조라고 말해요. 평시조는 '초장 – 중장 – 종장'의 3장으로 이루어져 있어요. 각 장은 4음보로 끊어 읽을 수 있는데, 2개의 음보가 모여 1구가 형성되므로 총 6구가 나타나죠. 전체 글자 수는 45자 안팎이에요. 주로 양반들이 창작했는데 부모에 대한 효도, 임금에 대한 충성심 등 유교적인 내용을 담았어요.

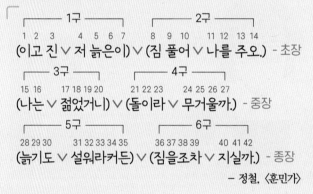

>   ┌─── 1구 ───┐   ┌─── 2구 ───┐
>   1 2 3   4 5 6 7   8 9 10   11 12 13 14
> (이고 진 ∨ 저 늙은이) ∨ (짐 풀어 ∨ 나를 주오.) - 초장
>
>   ┌─── 3구 ───┐   ┌─── 4구 ───┐
>   15 16   17 18 19 20   21 22 23   24 25 26 27
> (나는 ∨ 젊었거니) ∨ (돌이라 ∨ 무거울까.) - 중장
>
>   ┌─── 5구 ───┐   ┌─── 6구 ───┐
>   28 29 30   31 32 33 34 35   36 37 38 39   40 41 42
> (늙기도 ∨ 설워라커든) ∨ (짐을조차 ∨ 지실까.) - 종장
>
>   – 정철, 〈훈민가〉

위의 시조는 3장, 6구, 45자 내외로 노인에 대한 공경을 나타냈다는 점에서 평시조로 볼 수 있어요.

사설시조

辭	說	時	調
말씀 사	말씀 설	때 시	고를 조

050

초장 – 중장 – 종장 중 일부가 길어진 시조의 형식

사설시조는 평시조에 비해 길이가 긴 시조를 말해요. 특히 초장 – 중장 – 종장 중 중장이 길어진 형태가 많아요. 조선 시대의 양반들이 시조를 창작하던 때만 하더라도 평시조가 대부분이었어요. 그러나 조선 후기에 서민들이 참여하게 되면서 평시조의 정해진 형식에서 벗어나게 되었죠. 주로 남녀 간의 사랑이나 현실에 대한 비판 등 일상적인 소재를 다뤄 큰 인기를 끌었어요.

> 개를 여남은이나 기르되 요 개같이 얄미우랴 - 초장
> 미운 임 오면은 꼬리를 홰홰 치며 치뛰락 내리뛰락 반겨서 내닫고
> 고운 임 오면은 뒷발을 버둥버둥 무르락 나락 캉캉 짖어서
> 도로 가게 하느냐 - 중장
> 쉰밥이 그릇그릇 난들 너 먹일 줄이 있으랴 - 종장
>   – 작자 미상, 〈개를 여남은이나 기르되〉

위의 시조에서 중장은 초장과 종장에 비해 무척 길어요. 미운 임은 반기고 고운 임은 쫓아 버리는 개를 원망하며 임에 대한 그리움을 나타냈다는 점에서 사설시조로 볼 수 있어요.

정답 공개 **❷ 사설시조**

국순이가 쓴 글은 시조로 따지자면 3장으로 이루어져 있어요. 그런데 전체 글자 수가 45자보다 많고 특히 중장이 길죠. 유교적인 내용을 다룬 양반 중심의 평시조와 달리, 학생의 입장에서 급식에 대한 아쉬움을 말한다는 점에서 사설시조라고 볼 수 있어요.

 **핵심 정리**

평시조	사설시조
• 3장, 6구, 45자 내외의 가장 기본적인 시조의 형식	• 초장-중장-종장 중 일부가 길어진 시조의 형식
• 주로 양반들이 창작함.	• 주로 서민들이 창작함.
• 유교적인 내용을 다룸.	• 일상적인 소재를 다룸.

> 사설시조는 평시조보다 2구 이상 길어진 형태라서 쉽게 구분할 수 있어.
> 서민들의 감정을 솔직하게 드러냈다는 특징도 있지.
> 종장의 첫 구만 3음보를 지키며 시조의 형식을 따른다는 사실을 잊지 마~

국순이의 설명에 포함된 소설의 요소들은 무엇일까요?

Q   난이도 ★★☆

국순이가 소설 <어린 왕자>를 읽고 난 후 인상 깊은 장면을 국주에게 이야기하고 있어요. 국순이의 설명에 포함된 소설의 요소들은 무엇일까요?

단서

- 소설은 주제, 구성, 문체로 이루어져 있다.

- 소설이 짜임새 있게 구성되기 위해서 인물, 사건, 배경이 필요하다.

- 국순이는 비행기 조종사와 어린 왕자의 첫 만남을 서술하고 있다.

(❶ 주제, 구성, 문체)   (❷ 인물, 사건, 배경)

소설의 3요소

소설을 이루는 세 가지 요소인 주제, 구성, 문체

소설은 현실에 있음 직한 이야기를 작가가 상상해서 꾸며 낸 글이에요. 소설이 되기 위해서는 주제, 구성, 문체가 필요한데, 이를 소설의 3요소라고 말해요.

주제는 작가가 전하고자 하는 중심 생각이에요. 작품 겉으로 드러나기보다 넌지시 표현되는 경우가 많아요.

구성은 주제를 효과적으로 전달하기 위한 이야기의 짜임새예요. 시간의 흐름이나 원인과 결과 등에 따라 질서 있게 사건을 전개해야 독자가 작품에 몰입*하고 재미를 느낄 수 있어요.

문체는 이야기를 서술하는 작가만의 독특한 문장 표현 방식이에요. 똑같은 내용이라도 말하는 사람에 따라 다르게 표현되듯이 소설에서도 작가마다 다른 어휘, 다른 길이의 문장 등을 사용하여 자신만의 개성을 나타내요.

*몰입(沒 잠길 몰 入 들 입) : 깊이 파고들거나 빠짐.

소설 구성의 3요소

소설의 구성을 이루는 세 가지 요소인 인물, 사건, 배경

052

소설을 짜임새 있게 만들기 위해서는 인물, 사건, 배경이 필요한데, 이를 소설 구성의 3요소라고 말해요.

인물은 작품 속에 등장하는 사람으로, 사건을 일으키고 해결하는 역할을 해요. 인물이라고 해서 반드시 사람이어야 하는 건 아니에요. 동물이나 사물도 소설 속 등장인물이 될 수 있어요.

사건은 인물이 벌이는 일과 갈등이에요. 갈등에는 둘 이상의 인물, 사회, 운명, 자연 사이에서 생기는 외적 갈등과 한 인물의 마음속에서 일어나는 내적 갈등이 있어요. 갈등은 사건을 발생시켜 긴장감을 유발하고, 해소되는 과정에서 작가가 말하고자 하는 주제를 드러내요.

배경은 인물의 행동과 사건이 펼쳐지는 시간과 장소예요. 배경에 따라 작품의 분위기가 달라지고, 사실성을 더해 주며, 주제를 효과적으로 표현해 준답니다.

정답 공개 ❷ 인물, 사건, 배경

국순이는 소설 구성의 3요소를 갖춰 국주에게 이야기했어요. 비행기 조종사와 어린 왕자라는 2명의 '인물', 고장 난 비행기를 빨리 수리해야 하는 상황임에도 계속 다른 양을 그려 달라는 어린 왕자로 인한 '사건', 그리고 이들의 대화가 이루어지는 사막이라는 '배경'까지 포함했기 때문이죠.

 핵심 정리

소설의 3요소	주제	구성	문체
	• 작가가 전하고자 하는 중심 생각	• 효과적인 주제 전달을 위한 이야기의 짜임새	• 작가만의 독특한 문장 표현 방식

▼

소설 구성의 3요소	인물	사건	배경
	• 사건을 일으키고 해결 하는 사람	• 인물 간의 일과 갈등	• 인물의 행동과 사건이 펼쳐지는 시간, 장소

❝ 소설을 이루는 세 가지 요소는 '주제', '구성', '문체'이고
소설의 구성을 이루는 세 가지 요소는 '인물', '사건', '배경'이야.
'주구문', '인사배' 이렇게 외워도 좋겠지?
작가는 요소들을 적절히 배치하여 효과적으로 주제를 전달할 수 있어! ❞

국주가 무릎을 친 이유는 소설의 어떤 특성 때문일까요?

Q   난이도 ★★☆

국주는 국순이의 추천을 받아 <흥부전>를 읽다가 무릎을 탁! 쳤어요. 국주가 이러한
행동을 한 이유는 소설의 어떤 특성 때문일까요?

단서	• 소설은 진실을 담은 허구이다.
	• 소설은 삶의 진실을 표현한다.
	• 제비의 행동을 통해 착한 마음씨의 중요성을 알 수 있다.

❶ 소설의 허구성   ❷ 소설의 진실성

소설의 허구성

虛	構	性
빌 허	얽을 구	성품 성

053

소설은 작가의 상상력에 의해 창조된 세계를 다룸.

소설은 사실이 아닌데 사실처럼 그럴듯하게 지어 낸 이야기예요. 이것을 소설의 허구성이라고 말해요. 소설에 등장하는 인물이나 사건이 실제로 존재하더라도 작가가 상상력을 발휘하여 가공*한 것이므로 허구*예요.

소설 〈해리 포터〉에서 호그와트라는 마법 학교에서 마법을 배우는 설정은 현실에서 결코 일어날 수 없는 일이죠. 하지만 작가는 진짜처럼 보이도록 이야기를 꾸며 낸 주제를 전달하고 독자에게 즐거움을 준답니다.

***가공**(架 시렁 가 空 빌 공) : 사실이 아니고 거짓이나 상상으로 꾸며 냄.
***허구**(虛 빌 허 構 얽을 구) : 실제로 없는 사건을 작가의 상상력으로 재창조해 낸 이야기

빗자루를 타고 하늘을 날다니?!

소설의 진실성

眞 實 性 054
참 진   열매 실   성품 성

소설은 꾸며 낸 이야기이지만 삶의 진실을 추구함.

소설은 허구를 다루지만 그 안에는 인생의 참모습*과 진리*가 담겨 있어요. 이것을 소설의 진실성이라고 말해요. 작가는 인간과 인생의 의미를 진지하게 탐구한 뒤 그것을 가상의 세계로 만들어 내기 때문에 독자는 소설을 읽으며 공감하고 깨달음을 얻는 거예요.

소설 〈해리 포터〉를 읽고 나면 친구와 가족을 소중히 여겨야겠다는 생각이 들게 되죠. 이처럼 소설은 꾸며 낸 이야기라 하더라도 바람직한 인간의 모습을 담고자 한답니다.

*참모습 : 거짓이나 꾸밈이 없는 모습
*진리(眞 참 진 理 다스릴 리) : 참된 이치 또는 참된 도리

친구들을 위해 당과 싸우는 모습이 감동적이야.

우정이란 저런 거지.

❶ 소설의 진실성

둥지에서 떨어진 제비를 치료해 준 흥부와 제비 다리를 일부러 다치게 한 놀부는 각각 다른 결말을 맞았어요. 즉, 국주는 착한 일을 하면 복을 받고 나쁜 일을 하면 벌을 받는다는 삶의 진실을 깨달은 거라 볼 수 있어요.

소설의 허구성	소설의 진실성
• 소설은 작가의 상상력으로 창조된 세계를 다룸. • 주제를 전달하고 즐거움을 제공함.	• 소설은 꾸며 낸 이야기이지만 삶의 진실을 추구함. • 인간 및 인생의 참모습, 진리를 제공함.

"
소설은 사실을 다루는 이야기가 아니므로 허구성을 지니지만,
바람직한 삶의 모습을 나타낸다는 점에서 진실성을 가지는 거야.
그래서 소설을 '진실을 담은 허구'라고 말하지~
"

국순이의 행동은 소설의 어떤 특성과 닮았을까요?

Q

난이도 ★★☆

국어 시험을 망쳐서 속상해하는 국준이를 본 국순이. 시험지에서 눈물 자국까지 발견하자 국준이를 위로해 주려고 하는데요. 이러한 국순이의 행동은 소설의 어떤 특성과 닮았을까요?

단서	• 개연성은 사건 A와 B가 현실에서 일어날 가능성이 높은 것을 말한다.
	• 우연성은 사건 A가 발생하는데 갑자기 사건 B가 일어나는 것을 말한다.
	• 국순이는 국준이의 행동에 그럴 만한 이유가 있다고 생각한다.

❶ 개연성   ❷ 우연성

소설의 개연성

蓋	然	性	055
덮을 개	그럴 연	성품 성	

소설은 현실에서 있을 법한 내용을 다룸.

소설의 개연성은 주변에서 흔히 있을 법한 사건, 인물 등을 제시하는 것을 말해요.

소설 〈사랑손님과 어머니〉에서 옥희 어머니는 젊은 나이에 남편을 잃고 홀로 딸을 키워요. 그러던 어느 날 옥희의 큰외삼촌과 친구인 아저씨가 근처 학교로 오게 되면서 옥희네 집에 머물게 되죠. 옥희 어머니와 아저씨는 서로 좋아하지만 재혼을 부정적으로 생각하는 사회 분위기 때문에 사랑을 포기해요. 남녀 간의 자유로운 연애가 어려웠던 당시에 충분히 있을 수 있는 일이겠죠? 이처럼 소설에서 개연성은 실제로 일어나진 않았지만 일어날 만한 사건이나 존재할 법한 인물을 그린답니다.

소설의 우연성

偶 然 性 056
짝 우　그럴 연　성품 성

소설에서 어떤 일이 뚜렷한 원인 없이 우연히 벌어짐.

길을 걷다 우연히 친구와 마주친 적이 있나요? 이러한 만남은 그러자고 약속했기 때문이 아니라 뜻하지 않게 이루어진 일이에요. 이처럼 소설의 우연성은 어떻게 해서 사건이 벌어졌는지 원인을 설명하기 힘든 것을 말해요.

소설 〈심청전〉에서 심청이의 아버지 심 봉사는 젊은 시절 부인을 잃고 혼자 딸을 키워요. 그런데 눈이 보이지 않아 심청이의 도움 없이는 아무것도 하지 못하죠. 어느 날 다리를 건너던 심 봉사는 물에 빠지고 마침 그곳을 지나가던 스님이 구해 주며 공양미* 300석을 바치면 눈을 뜰 수 있다고 말해요. 스님과 심 봉사의 만남처럼 우연한 사건이 현실에서 얼마나 일어날 수 있을까요? 소설에서 우연성이 지나치게 나타나면 작품의 개연성은 떨어진답니다.

*공양미(供 이바지할 공 養 기를 양 米 쌀 미) : **부처님을 모실 때 쓰는 쌀**

정답 공개   **❶ 개연성**

국순이는 국어 시험 성적 때문에 충격을 받은 국준이를 목격하고 시험지에 남은 흔적이 눈물이라고 추측했어요. 국준이가 실제로 충분히 울 법하다고 여기고 있으므로 소설의 개연성과 닮았다고 할 수 있어요.

핵심 정리

소설의 개연성	소설의 우연성
• 소설은 현실에서 있을 법한 내용을 다룸. • 실제로 일어날 만한 사건이나 인물이 나타남.	• 소설에서 어떤 일이 뚜렷한 원인 없이 우연히 벌어짐. • 우연성이 지나치게 반복되면 개연성은 떨어짐.

66   현실이나 실제로 일어날 가능성이 높다면 소설의 개연성!
어떻게 사건이 벌어졌는지 원인을 설명할 수 없다면 소설의 우연성!
소설은 작가가 상상하여 지어낸 이야기면서 현실에서 있을 법한 이야기라는 사실~   99

시간적 배경이 잘 드러난 소설은 무엇일까요?

Q

난이도 ★★☆

국준이는 두 편의 소설을 읽다가 작품마다 배경이 다르다는 사실을 발견했어요. 다음 중 시간적 배경이 잘 드러난 소설은 무엇일까요?

여름 장이란 애당초에 글러서, 해는 아직 중천에 있건만 장판은 벌써 쓸쓸하고 더운 햇발이 벌여 놓은 전 휘장 밑으로 등줄기를 훅훅 볶는다. 마을 사람들은 거지 반 돌아간 뒤로…

메밀꽃 필 무렵

심심할 때마다 명선이는 나를 끌고 허리가 끊어진 만경강 다리로 놀러 가곤 했다. 계집애답지 않게 배짱도 여간이 아니어서, 그 애는 아무도 흉내 낼 수 없는 위험천만한 곡예를 부서진 다리 위에서…

기억 속의 들꽃

단서

• 배경에 따라 작품의 분위기가 달라진다.

• 배경을 통해 작품 속 인물과 사건이 사실적으로 느껴진다.

• 시간적 배경에는 시대나 계절, 낮과 밤 등이 있다.

❶ <메밀꽃 필 무렵>

❷ <기억 속의 들꽃>

시간적 배경

사건이 일어나거나 인물이 행동하는 시간

057

시간적 배경은 소설 속에서 '언제'에 해당하는 것으로 특정한 시간대, 계절, 시대 등을 말해요. 잠에서 깨어나 학교에 갈 때까지의 준비 과정을 소설로 쓴다면 시간적 배경은 아침이 되겠죠?

소설 〈운수 좋은 날〉은 눈이 올 듯한데 비가 추적추적 내리는 겨울, 돈을 벌기 위해 인력거*를 끄는 김 첨지의 하루를 그려요. 춥고 비가 오는 날씨는 어두운 분위기를 만들어 앞으로 사건이 어떻게 전개될지를 암시하죠. 일제 강점기에 도시 하층민*의 현실을 보여 준다고도 할 수 있어요. 이처럼 시간적 배경은 작품의 분위기를 형성하거나, 인물과 사건을 생생하게 느끼도록 하며, 인물의 심리와 주제를 나타내기도 한답니다.

*인력거(人 사람 인 力 힘 력 車 수레 거) : 사람이 끄는 바퀴가 두 개 달린 수레
*하층민(下 아래 하 層 층 층 民 백성 민) : 계급이나 신분, 생활 수준 따위가 낮은 사람

공간적 배경

058

사건이 일어나거나 인물이 행동하는 장소

공간적 배경은 동소문 안이지.

공간적 배경은 소설 속에서 '어디'에 해당하는 것으로 나라, 지역 등을 말해요. 학교에서 벌어지는 일을 소설로 쓴다면 그 작품의 공간적 배경은 학교가 되겠죠?

소설 〈운수 좋은 날〉에서는 '동소문 안'이라는 구체적 장소를 중심으로 사건을 전개해요. 인력거꾼인 김 첨지가 손님을 태우고 이동하는 공간이 나오는 거죠. 이처럼 공간적 배경은 시간적 배경과 마찬가지로 이야기에 사실성을 더하고, 분위기를 형성하며, 인물의 행동이나 심리 상태 등을 이해하는 데 도움을 준답니다.

❶ <메밀꽃 필 무렵>

<메밀꽃 필 무렵>은 '여름 장', '중천'을 통해 계절과 시간을 나타내고 있어요. <기억 속의 들꽃>은 '만경강 다리'라는 공간적 배경에서 이야기를 전개하고 있죠. 따라서 시간적 배경을 알 수 있는 소설은 <메밀꽃 필 무렵>이에요.

시간적 배경	공간적 배경
• 사건이 일어나거나 인물이 행동하는 시간	• 사건이 일어나거나 인물이 행동하는 장소
• 작품의 분위기를 형성함. • 인물과 사건에 사실성을 부여함. • 인물의 심리와 행동, 사건 전개를 암시함. • 주제를 전달함.	

간단히 말해서 시간적 배경은 '언제', 공간적 배경은 '어디'로 생각하면 돼~
시간적 배경이나 공간적 배경이 구체적으로 제시되는 경우도 있지만,
반드시 그래야 하는 건 아니야.

국순이의 일기는 소설의 어떤 구성 방식과 닮았을까요?

Q

난이도 ★★☆

국순이는 유난히 기분 좋은 일들이 많았던 오늘 하루를 일기로 남겼어요. 국순이의 일기는 다음 중 소설의 어떤 구성 방식과 닮았을까요?

2020년 8월 1일 쨍하고 맑은 날
제목 : 운수 좋은 날

아침에 학원에 가려고 꺼내 입은 청바지 주머니에서 천 원이 나왔다. '이게 웬 떡이냐!' 점심 때 그 돈으로 편의점에서 빵을 사 먹었는데, 아니 글쎄 그 빵에서 무선 이어폰 당첨권이 나온 게 아닌가. 저녁에 집으로 돌아온 나는 방으로 뛰어 들어가 무선 이어폰으로 노래를 들었다. 들리는 노래마다 어쩜 그리 달콤하던지…. 매일 오늘만 같았으면 좋겠다.

단서

• 순행적 구성과 역순행적 구성은 시간적 순서를 따르냐, 아니냐로 구분된다.

• '과거 → 현재 → 미래'는 순행적 구성에 해당한다.

• '현재 → 과거 → 현재'는 역순행적 구성에 해당한다.

❶ 순행적 구성   ❷ 역순행적 구성

순행적 구성

順 行 的
순할 순 / 다닐 행 / 과녁 적

059

시간의 흐름에 따라 사건을 구성하는 방식

소설에서 '과거 → 현재 → 미래'와 같이 사건이 일어난 시간적 순서에 따라 구성하는 방식을 순행적 구성이라고 말해요. 여러분이 하루 동안 학교에서 있었던 일을 누군가에게 설명할 때, 1교시부터 마지막 교시까지 차례대로 이야기한다면 이것이 바로 순행적 구성이에요. 특히 고전 소설*이나 길이가 짧고 구성이 단순한 단편 소설에서 자주 찾아볼 수 있어요.

*고전 소설(古 옛 고 典 법 전 小 작을 소 說 말씀 설) : 갑오개혁 이전에 창작된 소설로 <흥부전>, <심청전>, <홍길동전> 등이 있음.

Y♥U쌤 사진전

초4 운동회

중1 하굣길

대학교 졸업식

중등 국어 강사 데부

여긴 순행적
구성과 닮았네?

역순행적 구성

逆	順	行	的	060
거스를 역	순할 순	다닐 행	과녁 적	

시간의 흐름을 바꾸어 사건을 구성하는 방식

소설에서 '현재 → 과거 → 현재'와 같이 시간적 순서를 따르지 않고 작가의 의도대로 뒤바꾸어 사건을 구성하는 방식을 역순행적 구성이라고 말해요. 여러분이 하루 동안 학교에서 있었던 일을 누군가에게 설명할 때, 7교시에 있었던 일을 먼저 이야기한 뒤 그 사건의 원인을 밝히기 위해 1교시에 있었던 일을 말한다면 이것이 바로 역순행적 구성이에요. 특히 현대 소설*이나 길이가 길고 사건이 복잡하게 얽혀 있는 장편 소설에서 자주 찾아볼 수 있어요. 현재에서 과거로 거슬러 올라가거나 과거로 갔다가 현재로 다시 돌아오는 등 다양하게 나타난답니다.

*현대 소설(現 나타날 현 代 대신할 대 小 작을 소 說 말씀 설) : 갑오개혁 이후 창작된 소설

148

정답 공개 **❶ 순행적 구성**

국순이는 '아침 → 점심 → 저녁' 순으로 시간의 흐름에 따라 사건을 서술하고 있어요. 따라서 순행적 구성으로 일기를 쓴 거라 볼 수 있어요.

 **핵심 정리**

순행적 구성	역순행적 구성
• 시간의 흐름에 따라 사건을 구성하는 방식 • 주로 고전 소설, 단편 소설에 나타남. • 과거 → 현재 → 미래	• 시간의 흐름을 바꾸어 사건을 구성하는 방식 • 주로 현대 소설, 장편 소설에 나타남. • 현재 → 과거 → 현재

❝ 구성은 사건의 진행 방식에 따라 순행적 구성과 역순행적 구성으로 나눌 수 있어.
순행적 구성은 시간적 순서를 따르면서 사건을 전개하므로 '평면적 구성'이라고도 해.
반대로 역순행적 구성은 시간적 순서를 따르지 않고 사건을 전개하므로 '입체적 구성'이라고 하지. ❞

국순이의 이야기는 소설의 어떤 구성 방식에 해당할까요?

Q 난이도 ★★☆

국서의 어릴 적 사진을 몰래 훔쳐보던 국순이는 며칠 전 들었던 이야기가 떠올랐어요.
국순이가 국주에게 들려주는 이야기는 소설로 치자면 어떤 구성 방식에 해당할까요?

단서	• 일대기적 구성은 시간적 순서에 따라 한 인물의 삶을 보여 준다.
	• 액자식 구성은 전달하려는 내용을 다른 이야기 속에 넣어 표현한다.

❶ 일대기적 구성 **❷ 액자식 구성**

일대기적 구성

一 代 記
한 일 │ 대신할 대 │ 기록할 기

061

주인공의 출생부터 죽음까지 시간의 흐름에 따라 사건을 전개하는 방식

일대기적 구성은 한 인물이 태어나서 죽을 때까지 전 생애*를 시간적 순서에 따라 서술하는 방식을 말해요. 그래서 순행적 구성에 포함된답니다.

대표적인 작품으로는 〈동명왕 신화〉가 있어요. 하늘을 다스리는 천신의 아들인 해모수와 바다를 다스리는 수신의 딸인 유화 사이에서 주몽이 태어나요. 어릴 때부터 비범한 능력을 가진 주몽을 금와왕의 일곱 아들이 시기하여 시련을 겪게 되죠. 그러나 조력자의 도움으로 이를 극복하고, 결국 고구려를 세운답니다. 이처럼 일대기적 구성은 영웅의 일생을 그리는 고전 소설에서 자주 나타나요.

*생애(生 날 생 涯 물가 애) : 살아 있는 한평생의 기간

액자식 구성

額 子 式
이마 액 아들 자 법 식

062

하나의 이야기 속에 또 다른 이야기가 들어 있는 방식

액자식 구성은 액자 속에 그림을 넣는 것처럼 이야기 안에 또 다른 이야기를 넣어 서술하는 방식을 말해요. 보통 '외부 이야기 – 내부 이야기 – 외부 이야기'와 같이 구성된답니다.

대표적인 작품으로는 소설 〈공작나방〉 있어요. 먼저 외부 이야기의 주인공 하인리히 모어와 친구인 나(서술자)가 대화를 나누면서 사건이 진행돼요. 내부 이야기로 들어가면 하인리히 모어가 서술자가 되어 어린 시절 자신과 에밀이라는 인물이 공작나방을 둘러싸고 갈등했던 상황을 회상하여 들려준답니다. 이처럼 액자식 구성은 핵심 내용을 담은 내부 이야기와 이를 둘러싼 외부 이야기로 구분돼요.

정답 공개 **❷ 액자식 구성**

국순이가 국서의 어릴 적 일화를 떠올리며 하는 말은 외부 이야기예요. 그보다 앞서 당시 상황에 대해 국서가 국순이에게 들려줬던 말은 내부 이야기가 되죠. 하나의 이야기 속에 또 다른 이야기가 들어 있으므로 액자식 구성이라고 할 수 있어요.

핵심 정리

일대기적 구성	액자식 구성
• 주인공의 출생부터 죽음까지 시간의 흐름에 따라 사건을 전개하는 방식 • 순행적 구성에 포함됨. • 주로 고전 소설에 나타남.	• 하나의 이야기 속에 또 다른 이야기가 들어 있는 방식 • 주로 외부 이야기 - 내부 이야기 - 외부 이야기로 구성됨. • 핵심 내용은 내부 이야기에 제시됨.

    소설의 구성 유형에는 순행적 구성과 역순행적 구성 말고도 다양해.
시간적 순서에 따라 주로 영웅의 일생을 그린다면 일대기적 구성!
액자 역할을 하는 외부 이야기와 액자 속 그림과 같은 내부 이야기로 나타난다면 액자식 구성!
액자식 구성은 서술자가 다른 사람의 체험이나 사건을 대신 말해 주는 경우가 많아.

국주가 겪은 갈등의 유형은 무엇일까요?

Q

난이도 ★★☆

다이어트 3일째인 국주에게 위기가 찾아왔어요. 국순이와 국준이가 치킨을 사서 놀러 온 거예요. 국주가 겪은 갈등의 유형을 차례대로 나열해 볼까요?

단서
- 갈등의 유형에는 크게 내적 갈등과 외적 갈등이 있다.
- 내적 갈등은 인물의 마음속에서 일어나고, 외적 갈등은 밖에서 나타난다.

❶ 내적 갈등 → 외적 갈등   ❷ 외적 갈등 → 내적 갈등

내적 갈등

內	的	葛	藤
안 내	과녁 적	칡 갈	등나무 등

063

인물의 마음속에서 일어나는 심리적 갈등

갈등에서 '갈'은 칡, '등'은 등나무를 의미해요. 칡과 등나무 덩굴이 이리저리 얽힌 채 자라는 것처럼 인간의 심리나 다른 대상과의 관계가 복잡하게 꼬여 있는 상태를 가리키죠. 그중에서도 내적 갈등은 한 인물의 내부에서 서로 다른 욕구나 생각이 충돌할 때 생기는 갈등을 말해요.

소설 〈하늘은 맑건만〉에서 주인공 문기는 숙모의 심부름으로 고기를 사러 가요. 그런데 가게 주인의 실수로 거스름돈을 많이 받고 친구 수만이에게 이 사실을 털어 놓죠. 수만이의 꼬드김에 넘어간 문기는 결국 그 돈으로 갖고 싶던 물건을 사고 삼촌에게 거짓말을 해요. 이때 문기가 느끼는 양심의 가책은 내적 갈등이에요. 이처럼 내적 갈등은 사건을 전개해 나가고, 인물의 성격이나 주제를 드러내는 데 중요한 역할을 한답니다.

외적 갈등

外	的	葛	藤
바깥 외	과녁 적	칡 갈	등나무 등

064

인물과 그를 둘러싼 외부 상황 사이에서 일어나는 갈등

외적 갈등은 '인물 vs 인물', '인물 vs 사회', '인물 vs 자연', '인물 vs 운명' 등 인물의 외부에서 생기는 갈등을 말해요. 그래서 외적 갈등은 내적 갈등에 비해 사건의 원인이나 전개되는 모습이 복잡해요.

소설 〈역마〉에서 주인공 성기는 늘 이리저리 떠돌아야 하는 운명을 타고나요. 성기의 어머니는 아들의 역마살*을 없애기 위해 노력하지만 결국 성기는 떠돌이의 삶을 택하게 되죠. 이처럼 외적 갈등은 이야기를 전개시키며, 긴장감과 흥미를 주고, 작가가 말하고자 하는 주제를 전달하는 역할을 한답니다.

*역마살(驛 정거장 역 馬 말 마 煞 죽일 살) : 이리저리 떠돌아다니는 운

정답 공개 ❶ 내적 갈등 → 외적 갈등

국주는 치킨을 먹을지 말지 마음속으로 고민했어요. 그러다 닭 다리가 1개만 남자 국준이와 서로 먹겠다며 갈등을 일으켰죠. 따라서 인물의 내부에서 서로 다른 욕구가 부딪히며 생기는 내적 갈등과 다른 인물과 대립하여 생기는 외적 갈등을 차례대로 겪은 거예요.

 **핵심 정리**

내적 갈등	외적 갈등
• 인물의 내부에서 일어나는 심리적 갈등 • 서로 다른 욕구나 생각이 충돌하여 생김.	• 인물과 그를 둘러싼 외부 상황 사이에서 일어나는 갈등 • 인물 vs 인물, 인물 vs 사회, 인물 vs 자연, 인물 vs 운명 등이 있음.
• 사건을 전개시키고, 긴장감과 흥미를 제공함. • 인물의 성격이나 주제를 전달함.	

❝ 갈등을 통해 사건이 일어나므로 소설에서 갈등은 필수이자 핵심이지.
인물이 마음속으로 근심, 불안, 분노, 방황 등을 느낀다면 내적 갈등!
인물이 외부와의 사이에서 이러한 감정을 느낀다면 외적 갈등! 하나의 소설에서
내적 갈등과 외적 갈등이 동시에 나타날 수도 있다는 점을 기억하자~ ❞

맨 앞줄에 선 배우들의 공통점은 무엇일까요?

Q 난이도 ★☆☆

연극 페스티벌에 참가하게 된 국순이와 친구들. 마지막 공연이 끝난 후 출연진이 모두 모여 관객들에게 인사를 하고 있어요. 맨 앞줄에 선 배우들의 공통점은 무엇일까요?

단서	• 등장인물은 중요도에 따라 중심 인물과 주변 인물로 나뉜다.
	• 중심 인물은 주연, 주변 인물은 조연에 해당한다.
	• 현수막에 적힌 작품 이름에 주목하자.

❶ 어떤 사건의 중심이 되는 인물이다.   ❷ 주인공과 사건의 진행을 돕는 인물이다.

중심 인물

中	心	人	物
가운데 중	마음 심	사람 인	만물 물

사건을 이끌어 가는 주요 인물

소설에서 인물의 중요도로 따져 보았을 때 주인공이나 그와 비슷한 비중을 가진 인물을 중심 인물이라고 말해요.

소설 〈홍길동전〉에서는 주인공 홍길동이 중심 인물이에요. 소설 〈토끼전〉에서는 토끼만큼 큰 비중을 차지하는 자라도 중심 인물로 볼 수 있어요. 이처럼 중심 인물은 사건을 전개하는 과정에서 핵심적인 역할을 하기 때문에 말이나 행동을 통해 주제를 드러내기도 해요.

주변 인물

周	邊	人	物
두루 주	가 변	사람 인	만물 물

066

사건의 진행을 도와주는 인물

주변 인물은 주인공을 도와주거나 사건을 전개하는 과정에서 필요한 인물을 말해요.

소설 〈춘향전〉에서는 춘향이의 시중을 드는 향단이가 주변 인물이에요. 작품에서 큰 비중을 차지하진 않지만 주인공인 춘향이를 돕고 사건의 재미를 더해 주기 때문이죠. 이처럼 주변 인물은 중심 인물 주위에서 보조적인 역할을 하지만 많은 인원이 등장하면 이야기가 산만해질 수도 있어요.

❷ 중심 인물

<춘향전>의 춘향, <심청전>의 심청, <흥부전>의 흥부와 놀부는 모두 소설에서 사건을 이끌어 가는 인물들이에요. 따라서 맨 앞줄에 나온 배우들은 중심 인물이라고 볼 수 있어요.

 핵심 정리

중심 인물	주변 인물
• 사건을 이끌어 가는 주요 인물 • 주인공, 그와 비슷한 비중을 가짐. • 주제를 전달하기도 함.	• 사건의 진행을 도와주는 인물 • 주인공을 도와줌. • 너무 많이 등장하면 이야기가 산만해질 수 있음.

❝ 사건을 이끌어 가는 데 핵심적인 역할을 한다면 중심 인물!
주인공의 주위에서 보조적인 역할을 한다면 주변 인물!
하지만 주변 인물은 사건을 전개하는 과정에서 없어서는 안 될 인물이기도 해. ❞

약속 시간을 어긴 국주에게 국준이가 한 말은 무엇일까요?

Q

영화관에서 만나기로 한 국준이와 국주. 약속 시간을 어기고 사과도 하지 않는 국주 때문에 국준이가 단단히 화가 났는데요. 국준이가 국주에게 한 말 중 ○○에 들어갈 말은 무엇일까요?

단서
- 사건에서 인물이 맡은 역할에 따라 주동 인물과 반동 인물로 나뉜다.
- 주동 인물과 반동 인물은 서로 갈등을 빚는다.
- 갈등의 원인은 약속 시간에 늦은 국주에게 있다.

❶ 주동   ❷ 반동

주동 인물

主	動	人	物
주인 주	움직일 동	사람 인	만물 물

067

소설의 주인공으로서 작가의 주제 의식을 따르는 인물

주동 인물은 소설 속에서 벌어지는 사건을 주도적*으로 이끄는 인물을 말해요. 영웅과 악당이 등장하는 영화에서 악당이 세계의 평화를 위협하면 영웅이 나서서 해결하는데, 이때 영웅을 주동 인물로 볼 수 있어요.

소설 〈콩쥐팥쥐전〉에서는 콩쥐가 주동 인물이에요. 콩쥐는 나무로 된 호미로 밭을 매거나 밑 빠진 독에 물을 채워 놓는 등 온갖 고생 속에서도 착한 마음씨를 잃지 않고 결국 복을 받게 되죠. 이처럼 주동 인물은 작가가 전달하고자 하는 주제 의식을 실천하는 역할을 한답니다. 주로 말이나 행동을 통해 주제 의식을 드러내는 경우가 많아요.

*주도적(主 주인 주 導 인도할 도 的 과녁 적) : 어떤 일의 주장이 되어 이끄는 것

반동 인물

反	動	人	物
돌이킬 반	움직일 동	사람 인	만물 물

068

주동 인물과 대립하여 갈등을 일으키는 인물

반동 인물은 주동 인물과 대립하거나 적대적인 관계에 있는 인물을 말해요. 아래 그림 속 영화 포스터에서 세계의 평화를 위협하여 영웅과 갈등을 빚는 악당을 반동 인물로 볼 수 있어요.

소설 〈콩쥐팥쥐전〉에서는 콩쥐를 구박하는 새엄마와 팥쥐가 반동 인물이에요. 고전 소설에서 주동 인물은 주로 선하고 반동 인물은 악해요. 이처럼 반동 인물은 작가가 전달하고자 하는 주제를 반대로 거스르는 역할을 한답니다. 또한 극적 갈등을 일으킴으로써 이야기의 구조를 탄탄하게 만들기도 해요.

❷ 반동 인물

약속 시간을 지킨 국준이와 어긴 국주는 서로 대립하고 있어요. 국준이의 입장에서 국주는 변명만 늘어놓으며 갈등을 일으키고 있으므로 반동 인물로 볼 수 있어요.

핵심 정리

주동 인물	반동 인물
• 소설의 주인공으로서 작가의 주제 의식을 따르는 인물 • 말이나 행동을 통해 주제 의식을 드러냄.	• 주동 인물과 대립하여 갈등을 일으키는 인물 • 주제 의식을 거스르는 역할을 함.

❝ 사건을 주도적으로 전개한다면 주동 인물!
주동 인물과 대립되는 관계에 있다면 반동 인물!
반동 인물은 중심 인물일 수도 있고 주변 인물로 나타날 수도 있어. ❞

입체적 인물에 해당하는 사람은 누구일까요?

Q

난이도 ★★☆

국서가 국어 상식 퀴즈를 풀고 있어요. 질문에 대한 올바른 답으로 국서가 눌러야 할 버튼은 다음 중 누구일까요?

단서	• 작품에서 인물의 성격 변화에 따라 평면적 인물과 입체적 인물로 나뉜다.
	• 입체적 인물은 상황에 따라 성격이 변하여 처음과 다른 모습을 보여 준다.

❶ <심청전> 속 심청　　　　❷ <소나기> 속 소년

평면적 인물

平 面 的
평평할 평 낯 면 과녁 적

069

소설이 전개되는 동안 성격이 변하지 않는 인물

우리는 주변에서 어떤 일을 겪더라도 변함없는 모습을 보여 주는 사람을 볼 수 있어요. 소설에서도 여러 사건이 진행되는 동안 성격의 변화 없이 원래의 모습을 그대로 유지하는 인물이 있는데, 이러한 유형을 평면적 인물이라고 말해요. 소설 〈흥부전〉에서는 흥부가 평면적 인물이에요. 부모의 유산을 가로채며 동생을 못살게 구는 놀부의 심술에도 끝까지 형제간의 우애와 착한 마음씨를 잃지 않은 흥부는 결국 큰 복을 받게 되죠. 이처럼 평면적 인물은 고전 소설에 자주 등장하는 편이에요.

평면적 인물은 어느 방향에서 봐도 성격이 한결같아.

입체적 인물

立 설입 體 몸체 的 과녁적

070

소설이 전개되는 동안 성격이 변하는 인물

우리는 어떤 사건을 겪으면서 성격이 변하기도 해요. 힘든 일을 경험하면 더 강해지기도 하고, 친구와 다투고 화해하면 다른 사람의 마음을 이해할 수 있게 되죠. 소설에서도 여러 사건이 진행되는 동안 환경이나 상황에 따라 성격이 바뀌는 인물이 있는데, 이러한 유형을 입체적 인물이라고 말해요.

소설 〈소나기〉에서는 소년이 입체적 인물이에요. 농촌에서 자란 소년은 서울에서 살다가 전학 온 소녀를 보고 부끄러워해요. 그러나 점점 소녀와 친해지게 되면서 꽃도 꺾어 주고 다리를 다친 소녀를 업어 주는 등 적극적인 성격으로 변하죠. 이처럼 입체적 인물은 현대 소설에 자주 등장하는 편이에요.

❷ <소나기> 속 소년

소년은 징검다리 한가운데 앉아 있는 소녀에게 비켜 달라고 말도 못 건넬 만큼 소극적이었지만, 소녀와 조금씩 가까워지게 되면서 꽃을 꺾어 주는 등 적극적인 모습으로 바뀌어요. 이야기가 진행되면서 성격이 변하고 있으므로 소년을 입체적 인물로 볼 수 있어요.

 **핵심 정리**

평면적 인물	입체적 인물
• 소설이 전개되는 동안 성격이 변하지 않는 인물 • 주로 고전 소설에 나타남.	• 소설이 전개되는 동안 성격이 변하는 인물 • 주로 현대 소설에 나타남.

처음부터 끝까지 성격이 그대로 유지된다면 평면적 인물!
환경이나 상황에 따라 성격이 달라진다면 입체적 인물!
〈흥부전〉의 흥부는 평면적 인물이고, 〈소나기〉의 소년은 입체적 인물이야.

작품 속 주인공들의 공통적인 인물 유형은 무엇일까요?

Q   난이도 ★★☆

국서는 조선 시대를 배경으로 하는 고전 소설 중 가장 좋아하는 작품으로 <심청전>과 <춘향전>을 골랐어요. 두 작품의 주인공들에게 공통적으로 나타나는 인물 유형은 무엇일까요?

단서

- 작품에서 인물의 성격에 따라 전형적 인물과 개성적 인물로 나뉜다.

- 전형적 인물은 어떤 집단의 특성을 대표한다.

- 개성적 인물은 자신만의 개성을 지닌다.

❶ 전형적 인물   ❷ 개성적 인물

전형적 인물

典 型 的
법 전 거푸집 형 과녁 적

071

특정한 집단을 대표하는 인물

학교의 규칙을 잘 지키고 공부도 열심히 하는 친구를 흔히 '전형적인 모범생'이라고 부르죠? 여기서 '전형적'은 어떤 집단의 특징을 가장 잘 나타낸다는 것을 의미해요. 소설에서도 인물이 어떤 특정한 사회 계층*이나 세대 등 집단을 대표하는 모습을 보여 준다면 전형적 인물이라고 말해요.

소설 〈홍길동전〉에서 홍길동은 전형적 인물이에요. 양반인 아버지와 노비인 어머니 사이에서 태어나 온갖 차별을 받죠. 결국 집을 떠난 홍길동은 도적 무리의 우두머리가 되어 가난한 백성을 도와주고 왕이 된답니다. 이때 홍길동은 시련을 극복하여 성공한 영웅의 전형적 인물이라고 할 수 있어요. 이처럼 전형적 인물은 고전 소설에 많이 나타나는 편이에요.

*계층(階 섬돌 계 層 층 층) : 사회적 지위가 비슷한 사람들의 층

개성적 인물

個	性	的
낱 개	성품 성	과녁 적

072

자신만의 독특한 성격을 가지고 있는 인물

유행을 따르지 않고 자신만의 스타일을 고수하는 친구에게 '개성 있다'라고 표현하죠? 여기서 '개성'은 다른 것과 구분되는 독특한 특성을 의미해요. 소설에서도 그 인물만이 가지고 있는 고유한 성격을 보여 준다면 개성적 인물이라고 말해요.

소설 〈동백꽃〉에서 마름*의 딸인 점순이는 개성적 인물이에요. 소작인*의 아들을 좋아한 점순이는 감자를 건네지만 거절을 당해요. 그 이후로 틈만 나면 닭싸움을 붙이고 괴롭히면서 관심을 드러내죠. 이 소설의 배경인 1930년대는 남녀가 엄격하게 구분되어 여자가 먼저 애정을 표현하기가 어려웠답니다. 그런데 점순이는 결국 신분의 차이를 뛰어넘고 사랑을 쟁취하므로 개성적 인물이라고 할 수 있어요. 이처럼 개성적 인물은 현대 소설에 많이 등장하는 편이에요.

*마름 : 땅 주인 대신에 농사를 지을 수 있는 권리를 관리하는 사람
*소작인(小 작을 소 作 지을 작 人 사람 인) : 다른 사람의 농지를 빌려 농사를 짓고 그 대가로 사용료를 지급하는 사람

❶ 전형적 인물

심청이는 눈이 보이지 않는 아버지를 극진히 모시는 효녀를 상징하는 인물이에요. 춘향이는 변 사또의 수청을 거부하며 이몽룡을 향한 사랑을 지키는 열녀를 나타내죠. 두 주인공 모두 특정한 집단을 대표하므로 전형적 인물에 해당해요.

 **핵심 정리**

전형적 인물	개성적 인물
• 특정한 집단을 대표하는 인물	• 자신만의 독특한 성격을 가지는 인물
• 주로 고전 소설에 나타남.	• 주로 현대 소설에 나타남.

    인물의 성격에서 전형성만 두드러진다면 틀에 박힌 인물이 되기 쉽고,
개성만 강조된다면 비현실적인 인물로 보일 수 있어.
그래서 한 작품 속에서 인물은 전형성과 개성을 골고루 갖춰야 해.

국준이가 쓴 소설은 어떤 시점일까요?

Q

난이도 ★★☆

국준이는 국주를 생각하며 단편 소설 한 편을 써 내려가는 중이에요. 국준이가 쓴 소설은 어떤 시점일까요?

단서

• 서술자는 작가를 대신하여 독자에게 이야기를 들려주는 사람을 말한다.

• 시점은 서술자가 작품 속 인물이나 사건을 바라보는 시각을 말한다.

❶ 1인칭 주인공 시점 　　　　**❷** 1인칭 관찰자 시점

1인칭 주인공 시점

主	人	公	073
주인 주	사람 인	공평할 공	

작품 속 주인공인 서술자가 자신의 일을 직접 이야기하는 방식

소설에서는 작가의 의도를 효과적으로 드러내기 위해 작품 속 이야기를 전달해 주는 사람을 내세워요. 이러한 사람을 '서술자'라고 하죠. 그리고 서술자가 인물, 사건, 배경을 바라보는 위치와 태도를 '시점'이라고 해요.

서술자가 작품 속에 존재한다면 1인칭 시점이에요. 1인칭 주인공 시점은 서술자인 '나'가 자신에게 일어난 일을 이야기하는 방식을 말해요. 독자는 주인공의 속마음까지 자세히 알 수 있어서 친근감과 신뢰감을 느끼죠. 그러나 다른 인물의 속마음 등 주인공이 보지 못하거나 없는 곳에서 벌어진 사건은 알 수 없다는 한계가 있어요.

1인칭 관찰자 시점

觀	察	者
볼 관	살필 찰	사람 자

074

작품 속 관찰자인 서술자가 주인공에게 일어난 일을 관찰하여 이야기하는 방식

1인칭 관찰자 시점은 서술자인 '나'가 주인공에게 일어난 일이나 행동을 관찰하여 이야기하는 방식을 말해요.

대표적인 작품에는 소설 〈기억 속의 들꽃〉이 있어요. 서술자는 순진한 남자아이로 6·25 전쟁 중에 홀로 남은 명선이를 관찰해요. 여자인 명선이가 남자아이처럼 행동하거나, 숙부가 명선이를 죽이려 한 이유를 말하려다 노려보는 이유를 알지 못하죠. 이처럼 1인칭 관찰자 시점은 서술자가 주인공의 속마음을 직접 들여다볼 수 없어서 독자가 스스로 추측해야 한다는 한계가 있어요.

명선이의 모습을 내가 말해 줄게요!

관찰자

1인칭 관찰자 시점

❶ 1인칭 주인공 시점

소설 속에서 국준이는 자신이 겪은 일을 직접 이야기하고 있어요. 독자는 국주와 무슨 일이 있었는지, 국준이의 속마음은 어떠한지 모두 알 수 있죠. 따라서 1인칭 주인공 시점으로 소설을 쓴 거예요.

핵심 정리

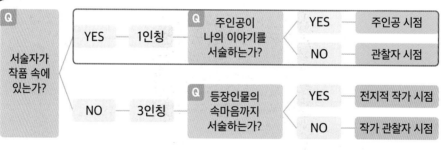

누가, 어디에서, 누구에 대해, 어떻게 말하느냐에 따라 시점이 달라지지.
작품 속 서술자가 '나' 자신에게 일어난 일을 말한다면 1인칭 주인공 시점이고,
'나'가 자신이 아닌 주인공에게 일어난 일을 말한다면 1인칭 관찰자 시점이야.

국서가 쓴 글은 어떤 시점일까요?

Q

난이도 ★★☆

국서는 국주와 국준이의 만남을 목격하고 둘의 모습을 글로 남겼어요. 국서가 쓴 글은 어떤 시점일까요?

단서

• 서술자가 글 바깥에서 사건을 바라본다.

• 서술자가 인물의 말과 행동, 생각까지 모든 것을 꿰뚫고 있다.

❶ 3인칭 전지적 작가 시점　　　❷ 3인칭 작가 관찰자 시점

3인칭 전지적 작가 시점

全	知	的	075
온전할 전	알 지	과녁 적	

작품 밖의 신과 같은 서술자가 인물의 행동과 심리를 꿰뚫어 보듯 이야기하는 방식

3인칭 전지적 작가 시점은 서술자가 작품 밖에서 신처럼 모든 것을 알고 이야기하는 방식을 말해요. 등장인물이 여러 명이고 사건이 복잡하게 얽혀 있을 때 1인칭 관점으로만 말한다면 서술상의 한계가 있겠죠? 3인칭 전지적 작가 시점은 서술자가 인물의 속마음까지 설명해 주므로 독자가 작품의 내용을 쉽게 이해할 수 있어요. 주로 고전 소설에서 인물의 행동이나 생각을 묘사하고, 평가하는 3인칭 전지적 작가 시점이 나타나요. 그러나 모든 인물의 행동과 심리를 들여다볼 수 있어서 독자가 상상할 수 있는 폭은 줄어들고 긴장감이 떨어질 수도 있어요.

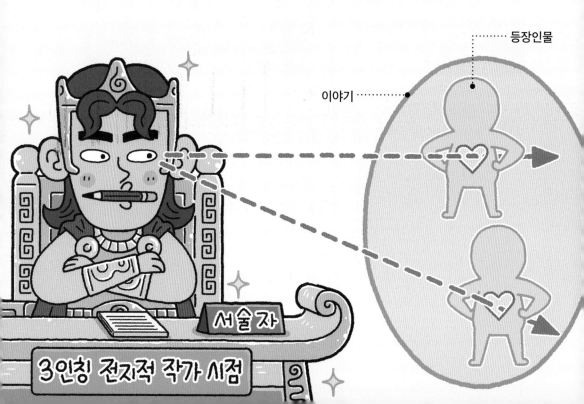

3인칭 작가 관찰자 시점

觀 볼 관   察 살필 찰   者 사람 자   076

작품 밖의 관찰자인 서술자가 인물을 관찰하여 이야기하는 방식

3인칭 관찰자 시점은 서술자가 작품 밖에서 인물의 대화나 행동을 관찰해서 이야기하는 방식을 말해요. 서술자의 눈에 보이는 것만 객관적*으로 묘사하여 인물의 속마음을 알 수 없으므로 독자가 상상할 수 있는 폭은 늘어나요. 그러나 서술자는 등장인물의 생각을 직접 전달하지 못하고 관찰한 내용만 말하기 때문에 이야기가 단조로워*질 수도 있어요.

*객관적(客 손님 객 觀 볼 관 的 과녁 적) : 자기와의 관계에서 벗어나 제삼자의 입장에서 사물을 보거나 생각함.
*단조(單 홑 단 調 고를 조)롭다 : 단순하고 변화가 없다.

정답 공개 ❶ 3인칭 전지적 작가 시점

국서는 글 바깥에서 국준이와 국주 사이의 일들을 지켜보고 속마음까지 이야기하고 있어요. 따라서 3인칭 전지적 작가 시점으로 글을 쓴 거예요.

핵심 정리

Q 서술자가 작품 속에 있는가?	YES — 1인칭	Q 주인공이 나의 이야기를 서술하는가?	YES — 주인공 시점
			NO — 관찰자 시점
	NO — 3인칭	Q 등장인물의 속마음까지 서술하는가?	YES — 전지적 작가 시점
			NO — 작가 관찰자 시점

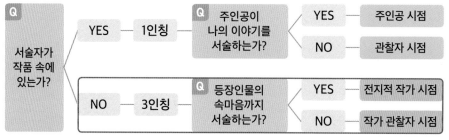

작품 밖 서술자가 인물의 속마음까지 말해 준다면 3인칭 전지적 작가 시점!
인물의 행동이나 생각을 묘사하고, 평가하는 고전 소설에 흔히 나타나지.
인물의 행동만 관찰하여 이야기할 뿐, 심리는 알 수 없다면 3인칭 작가 관찰자 시점!
이제 시점을 잘 구별할 수 있겠지?

국준이가 국순이를 소개하는 방법은 무엇일까요?

Q

난이도 ★★☆

국준이는 같은 반 친구에게 국순이를 소개하고 있어요. 국준이의 설명은 다음 중 무엇일까요?

단서	• 인물의 성격을 제시하는 방법에는 직접 제시와 간접 제시가 있다.
	• 직접 제시를 통해 인물의 성격이나 심리를 정확하게 파악할 수 있다.
	• 간접 제시를 통해 인물의 성격이나 심리를 상상할 수 있다.

❶ 직접 제시   ❷ 간접 제시

직접 제시

直 곧을 직　接 접할 접　提 끌 제　示 보일 시　077

서술자가 인물의 성격이나 심리를 직접적으로 말해 주는 방법

소설에 등장하는 인물의 성격을 나타내는 방법에는 크게 두 가지가 있어요. 먼저 직접 제시는 서술자가 인물에 대해 직접적으로 설명하는 방법을 말해요. 예를 들어 부모님에게 친구를 소개할 때 '이 친구는 주위 사람을 잘 배려해요.'라고 말하는 것과 같죠.

소설 〈B사감과 러브레터〉에서는 B사감에 대해 '엄격하고 매서웠다'라고 설명하는 부분이 나와요. 이처럼 직접 제시는 서술자가 인물의 성격을 직접 말해 주기 때문에 독자가 쉽고 정확하게 이해할 수 있지만, 그만큼 인물에 대한 상상력은 제한되기도 해요.

간접 제시

間	接	提	示
사이 간	접할 접	끌 제	보일 시

078

서술자가 인물의 대화, 행동을 통해 인물의 성격이나 심리를 간접적으로 보여 주는 방법

간접 제시는 인물의 대화, 행동을 통해 인물의 성격이나 심리를 간접적으로 드러내는 방법을 말해요.

소설 〈일가*〉에서는 주인공이 중국에서 살다가 온 친척 아저씨를 보고 비명을 지르자 눈을 찡긋하거나, 아저씨의 말에 당황해하는 엄마에게 '부끄러워할 필요는 없습네다.'라고 말하는 부분이 나와요. 이러한 말과 행동을 통해 독자는 아저씨가 넉살 좋은 성격임을 짐작할 수 있죠. 이처럼 간접 제시는 장면을 있는 그대로 보여 주기 때문에 직접 제시에 비해 생생한 느낌을 주지만, 인물의 성격이나 심리를 정확하게 파악하기는 어려워요.

*일가(一 한 일 家 집 가) : 한집안

❷ 간접 제시

국준이에게 국순이를 소개받은 친구는 어떤 생각을 했을까요? 닭 다리를 양보해 줄 만큼 배려심이 있다고 느꼈을 거예요. 국순이의 행동을 통해 그녀의 성격을 추측할 수 있으므로 간접 제시예요.

직접 제시	간접 제시
• 서술자가 인물의 성격이나 심리를 직접적으로 말해 주는 방법 • 인물의 성격이나 심리를 쉽고 정확하게 전달함. • 인물에 대한 상상력을 제한함.	• 서술자가 인물의 대화, 행동을 통해 인물의 성격이나 심리를 간접적으로 보여 주는 방법 • 인물의 성격이나 심리를 정확하게 파악하기 어려움. • 인물을 생생하게 표현함.

❝ 서술자가 인물에 대해 직접 설명해 준다면 직접 제시!
그래서 말하기, 분석적 제시, 요약적 제시라고도 하지.
인물의 대화나 행동을 통해 인물의 특성을 간접적으로 드러낸다면 간접 제시!
그래서 보여 주기, 극적 제시라고도 해. ❞

국순이의 말은 맞는 말일까요, 틀린 말일까요?

Q

난이도 ★★★

도서관에 간 국순이와 국서. 고전 소설 코너를 돌던 국순이가 국서에게 돌발 퀴즈를 내는데요. 국순이의 말은 맞는 말일까요, 틀린 말일까요?

단서

• 4권의 작품은 말로 전해지다가 나중에 문자로 기록되었다.

• 4권의 작품에는 서민의 언어와 양반의 언어가 모두 사용되었다.

❶ 맞는 말

❷ 틀린 말

판소리 사설

辭 말씀 사 說 말씀 설

079

판소리를 글로 엮어 가사로 표현한 이야기

춘향이와 이몽룡의 사랑 이야기, 못된 형 놀부와 착한 동생 흥부의 이야기, 효녀 심청이의 이야기까지 이들의 공통점은 무엇일까요? 모두 〈춘향가〉, 〈흥부가〉, 〈심청가〉와 같이 판소리로 불렸던 이야기예요.

판소리는 소리꾼이 고수의 북장단에 맞추어 몸짓과 이야기를 섞어 가며 부르는 노래예요. 연극, 이야기, 음악이 합쳐졌다는 점에서 종합 예술이라고도 할 수 있죠. 이러한 판소리에서 이야기에 해당하는 것을 판소리 사설이라고 말해요. 판소리 사설을 전하는 소리꾼은 청중에게 말로 이야기해 주기도 하고, 노래로 불러 주기도 하는데 누가 공연하느냐에 따라 그 내용이 조금씩 달라졌답니다.

판소리계 소설

小 작을 소 **說** 말씀 설

080

판소리 사설을 바탕으로 쓴 소설

판소리계 소설은 판소리 사설의 영향을 받아 만들어진 소설을 말해요. 인기 있는 웹툰을 드라마로 만드는 것처럼 판소리계 소설도 이와 비슷한 이유로 만들어졌답니다. 〈춘향가〉, 〈흥부가〉, 〈심청가〉와 같은 판소리가 당시에 엄청난 인기를 끌면서 〈춘향전〉, 〈흥부전〉, 〈심청전〉과 같은 소설로 만들어진 거죠.

신분에 상관없이 누구나 판소리와 판소리계 소설을 좋아하다 보니 평민, 양반의 언어가 모두 쓰였어요. 평민이 당시 사회에 대해 가졌던 비판 의식과 양반이 지키고자 했던 가치관도 함께 나타났죠. 또한 판소리 사설에서 노래로 불렸던 부분은 판소리계 소설에서도 리듬감이 잘 느껴지는 문장으로 표현되었답니다.

❶ 맞는 말

<춘향전>, <흥부전>, <심청전> <토끼전>은 판소리였던 <춘향가>, <흥부가>, <심청가>, <수궁가
>가 소설로 만들어진 작품이에요. 즉, 판소리계 소설인 거죠. 판소리로 불렸던 내용을 소설로 창작
한 작품들이므로 원래 노래였다는 말은 맞는 말이에요.

 핵심 정리

판소리 사설	• 판소리를 글로 엮어 가사로 표현한 이야기

▼

판소리계 소설	• 판소리 사설을 바탕으로 쓴 소설 • 평민과 양반의 언어가 모두 나타남. • 평민의 비판 의식과 양반의 가치관이 반영됨.

❝ 처음에는 옛이야기로 시작해서 입에서 입으로 전해지다가 판소리로 불렸어.
조선 후기 영·정조 시대에 문자로 기록되면서 판소리계 소설이 되었지.
내용이 풍부해지고 세련되게 다듬어지면서 소설로서의 구성도 갖추게 되었다는 사실~ ❞

국순이의 말에 나타난 표현 방법은 무엇일까요?

Q 난이도 ★★☆

야외 음악회에 간 국순이와 친구들. 잘난 척하는 국준이를 보고 국순이가 한마디 하는
데요. 국순이의 말에 나타난 표현 방법은 무엇일까요?

단서
- 풍자는 대상에 대한 태도가 비판적이며, 해학은 긍정적이다.
- 국순이와 국준이는 서로 친하다.

❶ 풍자　　　　　　　　　　❷ 해학

풍자

諷	刺
풍자할 풍	찌를 자

대상의 결점을 간접적으로 비판하며 비웃음을 유발하는 방법

풍자는 어떤 대상의 결점을 슬며시 돌려서 비판하며 비웃음을 유발하는 표현 방법을 말해요. 과장하거나 비꼬면서 웃음을 유발하기 때문에 대상에 대한 부정적인 시각이 드러나요. 흔히 신문이나 잡지에서 정치인이나 사회 현상을 만화를 통해 풍자하는 만평이 대표적이에요.

소설 〈이상한 선생님〉에서는 일제 강점기부터 해방 후까지 소년의 눈을 통해 당시 상황과 선생님들의 모습을 그려요. 일제 강점기에는 일본을, 해방 후에는 미국을 찬양하며 권력에 아부하는 박 선생님의 태도를 풍자하죠. 이처럼 풍자는 사회의 부조리*나 도덕적으로 옳지 못한 대상을 비판할 때 사용해요.

*__부조리__(不 아닐 불 條 가지 조 理 다스릴 리) : 이치에 맞지 않거나 도리에 어긋난 일

해학

諧 <small>화합할 해</small>　謔 <small>희롱할 학</small>

082

대상을 우스꽝스럽게 표현하여 따뜻한 웃음을 유발하는 방법

해학은 어떤 대상의 약점이나 실수 등을 우스꽝스럽게 나타내어 따뜻한 웃음을 유발하는 표현 방법을 말해요. 풍자와 달리 비판의 의도가 없다는 차이점이 있어요.

소설 〈봄봄〉에서는 어수룩한 데릴사위*와 교활한 장인 사이에서 벌어지는 갈등을 그려요. 장인은 자신의 딸, 점순과 혼인을 시켜 주겠다는 빌미로 대가 없이 일을 시키는데 키가 다 자라지 않았다는 핑계로 계속 혼인을 미뤄요. 사위는 결국 장인과 싸우지만 조금만 잘해 주자 눈물까지 흘리며 다시 일하러 가죠. 이처럼 해학은 웃음을 유발하면서도 평범 혹은 조금 부족한 대상을 애정 어린 시선으로 바라보고 연민과 공감을 느끼게 해요.

*데릴사위 : 처가에서 데리고 사는 사위

정답 공개 ❷ 해학

국순이는 음악적 지식을 뽐내는 국준이에게 무안을 주는 대신 말장난을 쳤어요. 발음이 비슷한 표현을 통해 따뜻한 웃음을 유발시킨 거죠. 대상을 비판하지 않고 애정 어린 시선으로 바라보므로 해학을 사용한 거예요.

풍자	해학
• 대상의 결점을 간접적으로 비판하며 비웃음을 유발하는 방법 • 비판의 의도가 있음. • 대상에 대한 부정적인 시각이 드러남.	• 대상을 우스꽝스럽게 표현하여 따뜻한 웃음을 유발하는 방법 • 비판의 의도가 없음. • 대상에 대한 연민과 공감을 나타냄.

> 풍자와 해학은 대상을 있는 그대로 나타내지 않고
> 과장하거나 우스꽝스럽게 표현하면서 웃음을 자아낸다는 공통점이 있어.
> 하지만 풍자는 대상을 비판하고자 하는 의도를 가진 공격적이고 냉소적인 웃음이고,
> 해학은 비판의 의도가 없는 따뜻한 웃음이야.

드라마 대본은 문학의 어떤 갈래에 해당할까요?

난이도 ★★☆

TV를 보던 국주가 "혹시 드라마(Drama)라는 말의 뜻을 알아?"라며 국준이에게 물었어요. 국준이가 고개를 갸웃거리자 국주는 이어서 "드라마 대본은 문학의 어떤 갈래에 해당할까?"라고 궁금해하는데요. 국주의 질문에 대한 답은 무엇일까요?

단서	• 소설은 서술자가 등장인물의 심리와 성격을 말해 준다.
	• 극 문학은 서술자 없이 등장인물의 말과 행동으로 사건을 보여 준다.

❶ 소설

❷ 극 문학

소설

小 _{작을 소} 說 _{말씀 설}

083

작가의 상상력에 바탕을 두고 있음 직하게, 그럴듯하게 꾸며 쓴 문학

소설은 현실에 있음 직한 일을 바탕으로 작가가 상상해서 꾸며 낸 글을 말해요. 인물, 사건, 배경으로 구성되며 서술자의 서술과 등장인물 간의 대화와 행동을 통해 사건이 전개되죠. 이때 서술자는 사건이 벌어지는 장소나 사물, 겉모습뿐만이 아니라 등장인물의 심리와 성격까지 직접 묘사할 수 있어요. 소설의 특징에는 소설은 작가의 상상력으로 만들어진 이야기라는 '허구성', 삶의 진리를 추구한다는 '진실성' 등이 있어요.

동의보감

팔을 걷어부친 허준은 우선 촌로에게 일러 마을 사람들에게 양해를 구하고 다짐을 받았다.

내용인즉 의원이 들여다본대서 병이 절로 낫는 것도 아니요,

⋮

서술자가 사건을 진행하고 말한다면 **소설**

극 문학

劇	文	學
연극 극	글월 문	배울 학

084

무대 공연이나 영화, 드라마 상영을 목적으로 하는 문학

허준

허준, 마음을 다잡고 병자들을 본다.

허준 : (단호하게) 다들 내 말을 들어주십시오. 의원이 들여다본다고 병이 절로 낫는 것이 아닙니다.

⋮

극 문학은 무대 공연이나 영화, 드라마 상영*을 위해 쓴 글을 말해요. 대표적으로 연극의 대본인 희곡, 영화와 드라마의 대본인 시나리오가 있어요. 소설처럼 작가의 상상력에 바탕을 두고 꾸며 낸 이야기이며, 인물, 사건, 배경으로 구성될 뿐만 아니라 갈등이 중요한 요소가 되죠. 극문학을 '갈등의 문학'이라고 부르기도 해요. 그러나 소설과 달리 극 문학은 서술자 없이 등장인물의 대사와 행동을 통해 사건이 전개된다는 차이점이 있어요.

*상영(上 위 상 映 비출 영) : 극장에서 영화를 공개하거나 TV 프로그램으로 방송하는 일

서술자가 없고 인물의 대사나 행동으로 사건을 보여 준다면 **극 문학**

❷ 극 문학

극 문학은 연극이나 영화, 드라마의 대본을 말하죠? 국주와 국준이가 보는 드라마는 서술자 없이 등장인물의 대사와 행동만으로 사건을 전달하고 있으므로 극 문학에 해당해요.

 핵심 정리

소설	극 문학
• 작가의 상상력에 바탕을 두고 있음 직하게, 그럴듯하게 꾸며 쓴 문학 • 서술자가 있음. • 서술자의 서술과 묘사, 인물 간의 대화와 행동으로 사건이 전개됨.	• 무대 공연이나 영화, 드라마 상영을 목적으로 하는 문학 • 서술자가 없음. • 인물의 대사와 행동으로 사건이 전개됨.

❝ 소설과 극 문학은 작가가 상상하여 꾸며 낸 이야기야. 대립과 갈등은 필수지.
하지만 서술자가 사건의 진행과 인물의 심리, 성격까지 말해 준다면 소설!
서술자 없이 인물의 대사와 행동을 통해 사건을 보여 준다면 극 문학!
이렇게 소설과 극 문학은 닮은 듯 서로 달라~ ❞

국준이는 극의 구성 단계 중 어떤 부분을 수정해야 할까요?

Q

난이도 ★★☆

연극반 연출 감독을 맡고 있는 국준이는 다음 달에 열릴 '청소년 연극 페스티벌'에 참가하게 되었어요. 그런데 리허설 중 준비한 연극에 문제가 있음을 깨닫게 되었어요. 국준이는 연극의 구성 단계 중 어떤 부분을 수정해야 할까요?

단서

- 극 문학은 '발단 - 전개 - 절정 - 하강 - 대단원'으로 구성된다.

- 발단에서는 앞으로 일어날 사건이 드러나며, 전개로 바뀌면 갈등이 시작된다.

- 하강에서는 갈등 해결의 실마리가 제시되고, 대단원에 이르면 갈등이 해소된다.

❶ 발단 - 전개   ❷ 하강 - 대단원

소설의 구성 단계

'발단 - 전개 - 위기 - 절정 - 결말'의 5단계로 이루어진 소설의 일반적 구성

소설에서 사건은 '발단 - 전개 - 위기 - 절정 - 결말'의 5단계를 거쳐서 진행돼요. '발단'은 이야기가 시작되는 단계로, 등장인물과 배경이 소개되고 사건의 실마리가 나타나요. '전개'는 사건이 복잡하게 얽히게 되면서 갈등이 생겨요. '위기'에서는 갈등이 점점 깊어지다가 '절정'에 이르러 최고조에 달하게 되죠. 이때 소설의 주제가 드러나며 사건 해결의 실마리가 나타나요. '결말'이 되면 갈등이 해소되고 사건이 마무리된답니다. 이처럼 소설의 구성이 짜임새 있게 이루어지면 작가가 말하고자 하는 생각과 느낌을 독자에게 제대로 전달할 수 있어요.

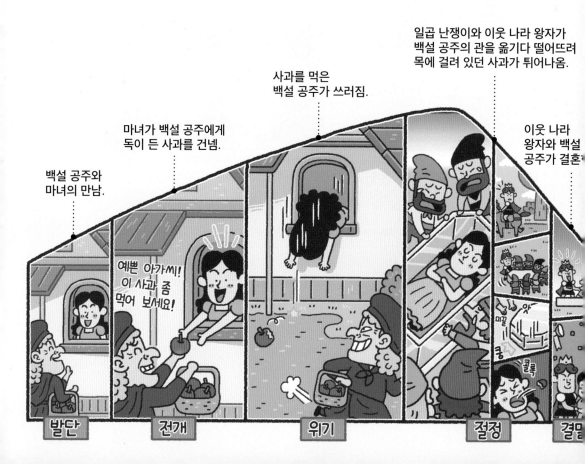

극 문학의 구성 단계

086

'발단 – 전개 – 절정 – 하강 – 대단원'의 5단계로 이루어진 극 문학의 일반적 구성

극 문학에서 사건은 '발단 – 전개 – 절정 – 하강 – 대단원'을 거쳐서 진행돼요. '발단'과 '전개'는 소설과 마찬가지로 각각 이야기가 시작되는 단계, 갈등이 생기는 단계예요. '절정'에서는 갈등이 최고조에 달하며 불분명했던 사건의 실체가 확실해져요. '하강'은 갈등 해소의 실마리가 제시되며 점점 결말을 향해 나아가요. '대단원'이 되면 갈등이 사라지고 사건이 해결된답니다. 특히 연극은 정해진 시간 안에 공연되어야 하기 때문에 구성 단계를 잘 지켜야 해요.

정답 공개 ❶ 하강 - 대단원

연극은 무대 위에서 이루어지기 때문에 시간적 제약이 있어요. 따라서 정해진 시간 안에 공연되어야 하는 극 문학의 특성상 갈등이 해소되고 마무리되는 하강-대단원이 빠르게 전개될 필요가 있겠죠?

> 사건의 전개와 갈등의 진행 과정에 따라
> 소설은 '발단 – 전개 – 위기 – 절정 – 결말',
> 극 문학은 '발단 – 전개 – 절정 – 하강 – 대단원'으로 구분하지~

국주가 쓴 대본은 어떤 극 문학에 해당할까요?

Q

난이도 ★★☆

국주가 스마트폰으로 제작하는 '청소년 모바일 영화제'에서 우수상을 받았어요. 심사는 영상과 대본을 가지고 평가했는데요. 국주가 쓴 대본은 다음 중 어떤 극 문학에 해당할까요?

> S# 1. 숲속(해질녘)
> 해가 뉘엿뉘엿 지며 하늘이 오묘한 빛깔을 품고 있다.
> 나무 위에 한 검객이 숨어 있다.
> 바람이 불자 나뭇잎이 심하게 흔들린다.
>
> 검객 : (바람 소리에 괜히 놀라 휘청이며) 누구냐? 한 판 붙자!
>
> S# 2. 다음 날, 무밭(아침)
> 빗방울이 떨어지자 이파리들이 부딪히고, 새가 푸드덕 날아간다.
>
> 검객 : (칼을 뽑아 어딘가를 겨누며) 비겁하게 숨지 말고 나와라!
>   (무밭에서 무를 던져 공중에서 칼로 베며) 얍!

괜찮네요 이 대본!

단서	• 희곡의 목적은 무대 공연이고, 시나리오는 영화, 드라마 상영이다.
	• 시나리오는 희곡보다 제약이 적다.

❶ 희곡　　　　　　　　　　**❷ 시나리오**

희곡

戲 놀 희 　 曲 굽을 곡

무대 공연을 목적으로 쓴 연극의 대본

희곡은 무대에서 공연하기 위해 쓴 글로, 등장인물의 말과 행동, 배경 등을 담고 있어요. 하나의 장면을 나타내는 장과 여러 개의 장들로 이루어진 막으로 구성되죠. 연극은 무대라는 제한된 공간에서 이루어지기 때문에 많은 인물이 한꺼번에 등장하기가 어렵고, 영화나 드라마처럼 배경을 자유롭게 바꿀 수 없어요. 정해진 시간 안에 공연을 해야 하므로 시간의 제약도 받게 되죠. 소설과 달리 서술자가 존재하지 않아서 제시된 등장인물의 말과 행동을 통해 성격이나 심리를 추측해야 한답니다.

시공간의 변화를 연극으로 표현하긴 아쉬워!

시나리오

Scenario
시나리오

088

영화나 드라마 상영을 목적으로 쓴 대본

시나리오는 영화나 드라마를 상영하기 위해 쓴 글로, 등장인물의 말과 행동, 배경 등을 담고 있어요. 장면을 뜻하는 '신(Scene)'으로 구성되며 'S#'으로 나타내요. 이때 장면은 사건이 전개되는 시간과 공간으로 이루어져요. 희곡과 달리 시나리오는 인물의 수와 시공간적 제약을 덜 받는 편이에요. 많은 사람을 한꺼번에 등장시킬 수 있고 다양한 촬영, 편집 기술을 이용하여 시간과 공간을 마음대로 넘나들 수도 있어요. 그래서 시나리오에는 촬영이나 편집을 위한 특별한 용어가 쓰인답니다.

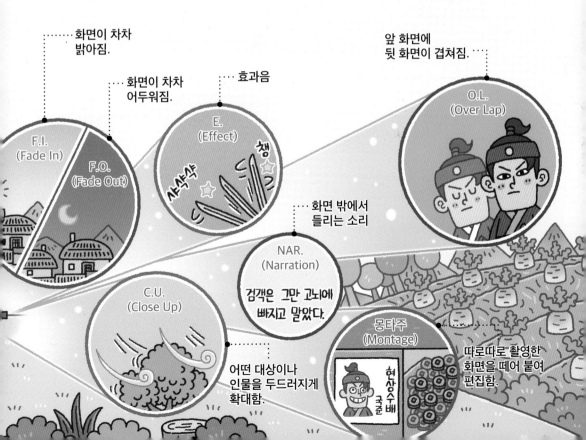

화면이 차차 밝아짐.

화면이 차차 어두워짐.

효과음

앞 화면에 뒷 화면이 겹쳐짐.

F.I. (Fade In)

F.O. (Fade Out)

E. (Effect)

사악삭 챙

O.L. (Over Lap)

화면 밖에서 들리는 소리

NAR. (Narration)

검객은 그만 고뇌에 빠지고 말았다.

C.U. (Close Up)

어떤 대상이나 인물을 두드러지게 확대함.

몽타주 (Montage)

현상수배 국군

따로따로 촬영한 화면을 떼어 붙여 편집함.

❷ 시나리오

국주가 쓴 대본에는 신(Scene)이 등장하고, 시간의 흐름과 공간의 이동이 빠르게 나타나죠. 무를 던져 공중에서 베는 모습 또한 실제라면 쉽지 않지만 편집 기술을 이용하면 가능하므로, 영화나 드라마 상영을 목적으로 한 시나리오라고 할 수 있어요.

핵심 정리

희곡	시나리오
• 무대 공연을 목적으로 쓴 연극의 대본 • 장과 막으로 구성됨. • 등장인물 수, 시공간의 제약이 있음.	• 영화나 드라마 상영을 목적으로 쓴 대본 • 신(Scene)으로 구성됨. • 등장인물 수, 시공간의 제약에서 비교적 덜 받음.

> 희곡과 시나리오는 등장인물의 대사와 행동을 통해 이야기가 전개되지.
> 그래서 직접적인 심리 묘사는 어렵다는 공통점이 있어.
> 연극으로 만든다면 희곡이고, 영화나 드라마에서 사용된다면 시나리오야.

국순이가 본 연극은 어떻게 끝났을까요?

Q

국주는 길 한복판에서 대성통곡하고 있는 국순이를 보았어요. 우는 이유를 물어보자 국순이는 "오늘 본 연극이 ○○으로 끝나서 그래."라고 하는데요. ○○에 들어갈 말은 다음 중 무엇일까요?

단서

• 희곡은 결말에 따라 희극과 비극으로 나뉜다.

• 희극은 관객에게 웃음을 주고, 비극은 공포와 연민을 불러일으킨다.

❶ 희극　　　　　　　　　　❷ 비극

희극

喜
기쁠 희

劇
연극 극

089

웃음을 유발하며 행복한 결말로 끝나는 극

희극은 인물의 성격이나 행동에서 나타나는 어리석음, 모순 등의 약점을 묘사하여 웃음을 유발하고 행복한 결말로 마무리되는 극을 말해요. 주로 평범한 인물을 주인공으로 설정하여 어리석은 행동이나 우스꽝스러운 모습을 보여 준답니다. 풍자와 해학으로 관객을 웃기면서 인생의 진리*를 명랑하고 경쾌하게 표현해요.

*진리(眞 참 진 理 다스릴 리) : 참된 이치나 도리

비극

悲	劇
슬플 비	연극 극

090

불행한 결말로 끝나는 극

비극은 인물의 몰락*이나 죽음을 통해 불행한 결말로 마무리되는 극을 말해요. 주로 고귀한 신분을 가지거나 영웅적인 인물을 주인공으로 설정하여 인물 사이의 갈등, 인물과 환경 간의 충돌을 그린답니다. 주인공이 패배하거나 좌절할 때, 관객은 공포와 연민을 느끼게 되고 감정이 정화되는 카타르시스*에 이르게 돼요.

*몰락(沒 잠길 몰 落 떨어질 락) : 재물이나 세력 따위가 쇠하여 보잘것없이 됨.
*카타르시스(catharsis) : 비극을 봄으로써 마음에 쌓여 있던 우울함, 불안감, 긴장감 따위가 해소되고 마음이 정화되는 일

❷ 비극

국순이가 본 연극에서 주인공들은 '이별'이라는 불행한 결말을 맞이했어요. 따라서 국순이는 그들이 겪은 슬픔에 연민을 느끼고 울었다고 볼 수 있어요.

 핵심 정리

희극	비극
• 웃음을 유발하며 행복한 결말로 끝나는 극 • 주로 평범한 인물의 어리석은 행동, 우스 꽝스러운 모습을 보여 줌. • 인생의 진리를 경쾌하게 표현함.	• 불행한 결말로 끝나는 극 • 주로 고귀한 신분을 가진 인물이나 영웅 의 갈등을 다룸. • 공포와 연민을 느끼게 함.

　　　　풍자와 해학을 통해 관객에게 즐거움을 준다면 희극!
　　인물의 몰락이나 죽음을 그리며 공포와 연민을 느끼게 한다면 비극!
　하지만 비극은 고조되었던 긴장감이 해소되면서 감정이 정화되는 카타르시스를 주기도 해.
　　　　비극이 관객에게 미치는 중요한 효과이기도 하지~

감독의 지시 사항 중 ○에 들어갈 말은 무엇일까요?

Q

난이도 ★★☆

오늘은 국순이와 국주가 뮤지컬을 보기로 한 날이에요. 4시간이나 일찍 공연장에 도착하여 우연히 리허설 무대를 엿보게 되었어요. 감독의 지시 사항 중 ○에 들어갈 말은 무엇일까요?

단서	• 장은 등장인물의 등장과 퇴장, 배경을 통해 장면을 바꾼다.
	• 막은 무대 위에 설치된 막의 오르내림을 통해 극의 구성 단계를 바꾼다.

❶ 장 **❷ 막**

장 場
마당 장

091

희곡에서 하나의 장면을 표시하는 단위

희곡의 내용을 구분하는 단위에는 장과 막이 있어요. 먼저 장은 등장인물의 등장과 퇴장 사이의 간격을 구분하여 장면을 바꾸는 것을 말해요. 연극은 무대라는 한정된 공간에서 이루어지기 때문에 영화나 드라마처럼 자유롭게 장면을 바꾸기가 어려워요. 따라서 장을 통해 장면을 바꾸는데, 1장이 끝나면 무대 위 조명이 꺼지고 인물이나 배경이 변한답니다.

막
幕
장막 막

092

희곡에서 여러 개의 장이 모여 이루어진 단위

막은 무대에 설치된 막이 올라갔다 내려오며 극의 구성 단계를 바꾸는 것을 말해요. 장이 막보다 작으면서 독립된 하나의 장면을 가리킨다면, 막은 장보다 크면서 사건 전개 과정에서 분명한 변화가 나타날 때를 구분해요.

희곡은 몇 개의 막과 장으로 이루어져 있는지에 따라 '1막 4장', '3막 5장'과 같이 표현해요. 1개의 막으로 구성되었다면 단막극, 여러 개의 막으로 구성된 희곡은 장막극이라고 부른답니다.

정답 공개 ❶ 장

무대에 설치된 막과 배경은 그대로 있고, 등장인물만 등장과 퇴장을 하므로 감독은 장을 가리킨 거예요.

 핵심 정리

장	막
• 막의 하위 단위 • 극 중 하나의 장면을 나타냄.	• 여러 개의 장이 모여 이루어진 단위 • 극의 구성 단계의 변화를 나타냄.

> 희곡에서 각각의 독립된 장면들은 장으로 구분할 수 있고,
> 사건 전개 과정에서 분명한 변화가 생긴다면 막으로 구분하지.
> 여러 개의 장이 모여 막이 구성된다는 사실을 잊지 마.

국주는 7번 문제의 정답을 맞혔을까요, 못 맞혔을까요?

Q

난이도 ★★☆

국주가 국어 성취도 평가를 보고 있어요. 국주는 7번 문제의 정답을 맞혔을까요, 못 맞혔을까요?

7. 아래 희곡을 읽고 ㉠에 대한 설명으로 적절한 것을 고르시오.

- 시간 : 초가을   • 장소 : 농촌 개울가   • 등장인물 : 고은, 환

막이 오르면 졸졸졸 시냇물 소리가 들린다. 개울가 주변에 벼들이 노랗게 익어 있다. ㉠ 환은 휘파람을 불다가 멈칫 서서 마른 침을 삼킨다. 그 앞에는 물장구를 치는 고은이가 보인다.

환 : (반가움을 감춘 채 툴툴대며) 이게 얼마 만이야?
고은 : 미안, 많이 기다렸지?

① 인물의 표정, 행동을 지시한다.
② 작품의 기본 정보를 제공한다.

| 단서 | • 해설은 극이 시작되기 전에 인물, 배경, 무대 장치 등을 설명하는 부분이다. |
| | • 지시문은 극이 시작된 후 인물의 행동이나 표정, 무대 장치 등을 알려 주는 부분이다. |

❶ 맞혔다.

❷ 틀렸다.

해설

解 풀 해   說 말씀 설

093

희곡이나 시나리오의 첫머리에서 배경, 등장인물, 무대 장치 등을 설명하는 부분

해설은 희곡이나 시나리오의 맨 앞에서 작품이 전개되는 시간과 장소, 인물을 소개하거나 필요한 무대 장치 등을 설명하는 글을 말해요. 따라서 해설을 통해 작품에 대한 기본적인 정보를 파악하고 내용을 이해할 수 있어요. 실제 연극이나 드라마, 영화에서 해설을 읽어 주는 부분은 따로 나타나진 않지만 배우, 무대를 연출*하는 사람에게 필요한 정보를 미리 알려 주는 거예요.

*연출(演 멀리 흐를 연 出 날 출) : 연극이나 방송 등에서 대본을 바탕으로 배우의 연기, 무대 장치, 의상, 조명, 분장 따위의 여러 부분을 종합적으로 지도하여 작품을 완성하는 일

지시문

指	示	文
가리킬 지	보일 시	글월 문

094

희곡과 시나리오에서 등장인물의 행동이나 표정, 무대 장치 등을 알려 주는 부분

희곡이나 시나리오에서 (상대방을 쳐다보며), (슬픈 표정으로)와 같이 괄호 안에 표시하여 등장인물의 행동, 표정, 무대 장치 등을 알려 주는 글을 지시문이라고 말해요. 희곡의 막이나 시나리오의 장면이 시작될 때 전반적인 분위기를 묘사하는 내용이 들어가기도 하는데, 이러한 부분 역시 지시문이에요. 지시문에는 인물의 표정이나 말투, 태도 등을 나타내는 동작 지시문과 무대 효과나 조명, 음향 등을 나타내는 무대 지시문이 있어요. 따라서 지시문을 통해 배우는 생생하게 연기하고 관객은 인물과 작품을 실감나게 느낄 수 있어요.

②틀렸다

밑줄 친 부분은 지시문으로 보통 ( ) 안에 들어간 말로 등장인물의 행동이나 표정을 알려 주죠. 또한 막이 시작될 때 줄글 형태로 극의 분위기 등을 묘사하기도 해요. 따라서 ㉠은 '지시문'인데 국주는 '해설'이라고 잘못 말했어요.

핵심 정리

해설	지시문
• 희곡이나 시나리오의 첫머리에서 배경, 등장인물, 무대 장치 등을 설명하는 부분 • 작품에 대한 기본적인 정보를 제공함.	• 등장인물의 행동이나 표정, 무대 장치 등을 알려 주는 부분 • 인물, 작품을 입체적으로 느끼도록 함.

> 소설은 서술자가 존재하지만 희곡과 시나리오는 대사와 해설, 지시문으로 표현하지.
> 막이 오르기 전 배경이 되는 시간과 장소, 인물, 무대 장치를 설명한다면 해설이고,
> 막이 오르고 난 후 인물의 동작이나 말투, 무대 효과 등을 지시한다면 지시문이야.

연극 리허설을 하던 국준이가 말한 ○○은 무엇일까요?

Q

난이도 ★★☆

국준이네 연극팀이 '청소년 연극 페스티벌'의 본선에 올랐어요. 이번에는 배우로 변신한 국준이와 국주가 리허설을 하고 있는데요. 국준이가 말한 ○○은 무엇일까요?

단서

• 희곡은 해설, 대사, 지시문의 형식으로 이루어져 있다.

• 국주는 (   )로 표시한 지시문까지 읽어 버렸다.

❶ 해설

❷ 대사

대사

臺	詞
무대 대	말씀 사

095

희곡이나 시나리오에서 등장인물이 하는 모든 말

우리가 하루 동안 하는 말에는 어떤 것들이 있는지 떠올려 볼까요? 엄마한테 꾸지람을 들으면 혼잣말로 투덜대기도 하고, 친구와 이야기를 나누기도 하죠. 희곡이나 시나리오에서는 등장인물 혼자서 하는 '혼잣말', 둘 이상이 주고받는 '대화', 다른 등장인물에게는 들리지 않고 관객에게만 들리는 것처럼 하는 '방백'을 모두 포함하여 대사라고 말해요. 사건을 진행하고 전달해 주는 서술자가 있던 소설과 달리, 희곡과 시나리오는 등장인물이 하는 대사와 행동으로 인물의 심리와 성격을 표현하고 사건을 전개한답니다.

혼잣말

사람과 동물의 대화

대화

對	話
대답할 대	말할 화

096

희곡이나 시나리오에서 둘 이상의 등장인물이 서로 주고받는 말

대사 중에서도 여러 등장인물들이 서로 마주 보며 주고받는 말을 대화라고 말해요. 대화를 통해 인물 사이에 어떤 갈등이 있는지 파악할 수 있고, 갈등 상황에서 그들의 심리도 짐작해 볼 수 있어요. 대화는 사건을 진행시키는 중요한 역할을 하기 때문에 관객들이 사건에 대해 더 잘 이해할 수 있는 힌트가 되기도 한답니다.

정답 공개 ❷ 대사

희곡과 시나리오에는 등장인물이 하는 대사뿐만이 아니라 그들의 행동이나 표정, 시간, 장소 등을 설명하는 지시문까지 쓰여 있어요. 실제 무대 위에서는 대사만 읽어야 하는데 지시문까지 읽어 버린 국주 때문에 국준이가 당황한 거예요.

대사	• 희곡이나 시나리오에서 등장인물이 하는 모든 말

▼

대화	• 둘 이상의 등장인물이 서로 주고받는 말

66 대사는 대화, 독백, 방백을 모두 포함하는 넓은 개념이야.
그중에서 대화는 두 명 이상의 등장인물끼리 나누는 말이지.
그들이 하는 말을 통해 심리와 성격, 사건을 이해할 수 있어. 99

국서의 대사가 들리지 않는 것처럼 설정된 사람은 누구일까요?

 난이도 ★★☆

국주와 국준이에 이어 2부에서는 국순이와 국서가 연극 무대에 올랐어요. 국서의 대사가 들리지 않는 것처럼 설정된 사람은 누구일까요?

단서

- 희곡 대사에는 대화, 독백, 방백이 있다.

- 무대 위에 상대 배우가 있으면 대화, 방백이고 없으면 독백이다.

- 방백은 관객 이외 무대 위의 다른 인물에게는 들리지 않는 것으로 약속된 대사이다.

❶ 국순

❷ 국준, 국주

독백 獨 白
홀로 독　아뢸 백

097

상대 배우 없이 혼잣말로 하는 대사

희곡에서 대사는 말하는 방식에 따라 대화, 독백, 방백으로 구분해요. 대화가 둘 이상의 등장인물끼리 서로 주고받는 말이라면, 독백은 무대에서 상대 배우 없이 혼자서 하는 말이에요. 인물의 생각이나 심리를 직접적으로 드러내고자 할 때 독백을 활용하죠. 따라서 다른 인물에게 털어놓을 수 없는 속마음이나 내적 갈등까지 솔직하게 표현할 수 있어요.

방백  傍 白
곁 방   아뢸 백

상대 배우는 있지만 관객에게만 들리는 것으로 약속된 대사

098

독백과 방백 모두 등장인물이 혼자 하는 말이라는 점에서 서로 비슷해요. 하지만 방백은 관객에게는 들리지만 무대 위의 다른 인물에게는 들리지 않는 것으로 약속된 말이에요. 인물의 속마음을 관객에게 직접 전달하고자 할 때 방백을 활용하죠. 따라서 방백은 관객에게 공감을 유도할 수 있어요.

정답 공개 **①** 국순

국서는 방백으로 대사를 처리했어요. 그래서 연극을 보는 관객인 국준이와 국주에게는 들리지만, 무대 위에 있는 다른 등장인물인 국순이는 들을 수 없는 설정이에요.

 **핵심 정리**

독백	방백
• 상대 배우 없이 혼잣말로 하는 대사 • 인물의 심리를 직접적으로 나타냄.	• 상대 배우는 있지만 관객에게만 들리는 것으로 약속된 대사 • 인물의 심리를 직접 나타내어 관객에게 공감을 유도함.

> 독백과 방백이 서로 헷갈린다면 무대 위를 상상해봐~
> 어떤 인물이 상대 배우 없이 혼잣말을 말한다면 독백!
> 주위에 다른 배우들이 있음에도 관객만 들을 수 있는 것처럼 말한다면 방백!
> 이렇게 희곡은 장면을 상상하며 읽는 것이 중요해.

국준이와 국순이가 쓴 글은 어떤 수필에 해당할까요?

Q

난이도 ★★☆

Y♥U쌤이 국준이와 국순이에게 '풀'을 소재로 수필을 써 보라고 했어요. 두 사람이 쓴 글은 다음 중 어떤 수필에 해당할까요?

단서

• 수필의 성격에 따라 경수필과 중수필로 나뉜다.

• 경수필은 글쓴이의 개인적인 경험을 다루고, 가벼운 느낌을 준다.

• 중수필은 사회적인 문제를 다루고, 무거운 느낌을 준다.

❶ 경수필

❷ 중수필

경수필

099

輕	隨	筆
가벼울 경	따를 수	붓 필

개인적인 경험을 토대로 글쓴이의 생각과 느낌을 가볍게 쓴 글

수필은 일상생활 속에서 얻은 생각과 느낌을 형식에 얽매이지 않고 자유롭게 쓴 글이에요. 따라서 무엇이든 글의 소재가 될 수 있고, 유머와 감동 등을 주기도 해요.

그중에서도 경수필은 글쓴이의 개인적인 경험을 편하게 쓴 글을 말해요. 평소에 우리가 하루를 마무리하며 쓰는 일기나 친구에게 보내는 편지, 여행에서 보고 느낀 것을 기록하는 기행문 등이 해당되죠. 이처럼 경수필은 가볍고 부드러운 느낌을 주는 문장을 사용하며, 글쓴이의 개성이 잘 드러나고 주관적인 편이에요.

중수필

重	隨	筆
무거울 중	따를 수	붓 필

100

사회적인 문제에 대한 글쓴이의 생각과 느낌을 논리적으로 쓴 글

소재, 내용, 주제, 글쓴이의 태도 등이 가벼운 경수필과 달리 중수필은 사회적인 문제나 현상에 대해 논리적이고 비판적으로 쓴 글을 말해요. 신문이나 잡지에서 글쓴이의 주장을 밝히는 사설이나 칼럼, 작품의 가치를 평가하는 평론 등이 해당되죠. 이처럼 중수필은 글 속의 '나'가 겉으로 드러나지 않아 글쓴이의 개인적인 일이나 느낌도 잘 드러나지 않아요. 문학적 성격이 강한 경수필과 달리 실용적 성격이 강한 중수필은 무겁고 딱딱한 느낌을 주는 문장을 사용하여 객관적인 편이에요.

정답 공개 **❶ 경수필**

국준이는 자연물을 보고 느낀 점을 나타냈고, 국순이는 미술 시간에 사용하는 풀을 소재로 친구들을 떠올리며 썼어요. 두 사람 모두 자신의 경험을 바탕으로 형식에 얽매이지 않고 자유롭게 표현했죠. 문장 또한 가볍고 부드러우므로 경수필에 해당해요.

 **핵심 정리**

경수필	중수필
• 개인적인 경험을 토대로 글쓴이의 생각과 느낌을 가볍게 쓴 글 • 개성이 잘 드러남. • 가볍고 부드러운 느낌의 문장을 사용함.	• 사회적인 문제에 대한 글쓴이의 생각과 느낌을 논리적으로 쓴 글 • 개성이 잘 드러나지 않음. • 무겁고 딱딱한 느낌의 문장을 사용함.

> 수필은 '붓 가는 대로 쓴 글'이라고 하기도 해.
> 누구나 자신의 경험과 느낌을 바탕으로 자유롭게 쓸 수 있지.
> 일기, 편지, 기행문 등과 같이 개인적인 감정이 중심이 된다면 경수필이고,
> 사설, 칼럼, 평론 등과 같이 논리가 중심이 된다면 중수필이야.

비슷해서 헷갈리기 쉬운 표현

형태가 비슷한 단어의 뜻을 정확하게 알고 사용할 수 있도록 해요.

단어	의미
가르치다 vs 가리키다	지식이나 기능, 이치 따위를 알도록 하다. 예 Y♥U쌤은 국어를 어려워하는 학생들에게 교과서 필수 용어를 가르쳤다. 손가락으로 어떤 방향이나 대상을 집어서 보이거나 말하거나 알리다. 예 약속 시간에 늦은 국주 때문에 화가 난 국순이가 시계를 가리켰다.
늘리다 vs 늘이다	물체의 넓이, 부피 따위를 크게 하거나 많게 하다. 예 Y♥U쌤은 겨울 방학 특강 신청 인원을 늘렸다. 원래보다 길이를 더 길게 하다. 예 국준이는 엿장수가 엿을 늘이는 모습에 박수를 쳤다.
두껍다 vs 두텁다	두께가 보통의 정도보다 크다. 예 찬 바람이 불자 국순이가 두꺼운 옷을 꺼내 입었다. 믿음, 인정, 관계 등이 굳고 깊다. 예 Y♥U쌤을 향한 지니어스의 믿음은 두텁다.
-(으)러 vs -(으)려	가다, 오다 같은 행위의 목적을 나타내는 말 예 국서가 점심을 먹으러 햄버거 가게에 갔다. 곧 일어날 움직임이나 상태의 변화를 나타내는 말 예 해가 서산을 넘으려 할 때쯤, 국준이가 집으로 돌아왔다.
매다 vs 메다	끈이나 줄 따위를 풀어지지 않게 마디를 만들다. 예 국서는 계주 경기에서 자기 차례가 다가오자 운동화 끈을 다시 맸다. 어깨에 걸치거나 올려놓다. 예 국주는 학교에 가기 위해 어깨에 가방을 멨다.
바라다 vs 바래다	생각이나 바람대로 어떤 일이나 상태가 이루어지기를 원하다. 예 국준이는 랩 경연 대회 본선에 오르기를 바라고 있다. 볕이나 습기를 받아 색이 변하다. 예 도서관에 있는 책들이 햇빛을 받아 누렇게 바랬다.

단어	의미
벌리다	둘 사이를 넓히거나 멀게 하다. 예 국순이는 지하철에서 다리를 벌리고 앉은 아저씨 때문에 불편했다.
vs	
벌이다	일을 계획하여 시작하거나 펼쳐 놓다. 예 Y♥U쌤은 한글날을 맞이하여 국어 사랑 캠페인을 벌였다.
이따가	시간이 조금 흐른 뒤에를 나타내는 말 예 국주가 자세한 이야기는 이따가 만나서 하자고 말했다.
vs	
있다가	하던 행동이나 상태가 끝나고 다른 동작이나 상태로 바뀜을 나타내는 말 예 국서는 도서관에 있다가 운동장으로 향했다.
-장이	그것과 관련된 기술을 가진 사람 예 국순이네 동네에는 옹기장이 할아버지가 살고 있다.
vs	
-쟁이	그것이 나타내는 속성을 많이 가진 사람 예 Y♥U쌤은 블라우스와 귀걸이를 세트로 맞추는 멋쟁이로 유명했다.
조리다	고기나 생선 등을 국물에 넣고 바짝 끓여서 양념이 배어들게 하다. 예 이웃집에서 생선을 조리는 냄새에 국준이가 코를 킁킁거렸다.
vs	
졸이다	속을 태우며 초조해하다. 예 국순이는 중간고사 결과를 기다리며 마음을 졸였다.
채	이미 있는 상태 그대로 있다는 뜻을 나타내는 말 예 Y♥U쌤은 너무 지친 나머지 옷을 입은 채로 잠들었다.
vs	
체	그럴듯하게 꾸미는 거짓 태도나 모양을 나타내는 말 예 국준이는 클래식을 감상하며 잔뜩 아는 체를 했다.
한참	시간이 상당히 지나는 동안 예 늦잠을 잔 국주는 버스를 한참 기다렸다.
vs	
한창	어떤 일이 가장 활기 있고 왕성하게 일어나는 때 예 꽃샘추위가 한창 기승을 부리던 어느 날 국서는 결국 감기에 걸렸다.

2권에서 배울 용어

초판 4쇄 발행 2024년 11월 11일
초판 1쇄 발행 2022년 12월 5일

글 ┃ 유현진
그림 ┃ 김석
감수 ┃ 박민경, 권세미, 임사무엘
스토리 ┃ 배은영

펴낸곳 ┃ 메가스터디(주)
펴낸이 ┃ 손은진
개발 책임 ┃ 김문주
개발 ┃ 김숙영, 민고은, 서은영
디자인 ┃ 이정숙
마케팅 ┃ 엄재욱, 김상민
제작 ┃ 이성재, 장병미
주소 ┃ 서울시 서초구 효령로 304 국제전자센터 24층
대표전화 ┃ 1661-5431
홈페이지 ┃ http://www.megastudybooks.com
출판사 신고 번호 ┃ 제 2015-000159호
출간제안/원고투고 ┃ 메가스터디북스 홈페이지 <투고 문의>에 등록

메가스터디BOOKS

'메가스터디북스'는 메가스터디㈜의 교육, 학습 전문 출판 브랜드입니다.

초중고 참고서는 물론, 어린이/청소년 교양서, 성인 학습서까지 다양한 도서를 출간하고 있습니다.

· **제품명** 뭔말 국어 용어 200 1권
· **제조자명** 메가스터디㈜ · **제조년월** 판권에 별도 표기 · **제조국명** 대한민국 · **사용연령** 3세 이상
· **주소 및 전화번호** 서울시 서초구 효령로 304(서초동) 국제전자센터 24층 / 1661-5431